DON BOSCO
VERLAG

Ingrid Biermann

Miteinander umgehen lernen

Geschichten, Lieder und Spiele für Kindergruppen

Don Bosco

Die Deutsche Bibliothek – CIP–Einheitsaufnahme

Biermann, Ingrid:
Miteinander umgehen lernen : Geschichten, Lieder
und Spiele für Kindergruppen / Ingrid Biermann. –
2. Aufl. – München : Don Bosco, 2001
ISBN 3-7698-1082-1

2. Auflage 2001/ISBN 3-7698-1082-1
© 1998 Don Bosco Verlag, München
Umschlag und Illustration: Margret Russer
Gesamtherstellung: Don Bosco Grafischer Betrieb, Ensdorf

Gedruckt auf umweltfreundlichem Papier.

Inhalt

Vorwort

In meiner langjährigen Praxis als Erzieherin habe ich von den Kindern gelernt: Ihre Offenheit und Spontaneität, ihr Witz und Charme haben mich davon überzeugt, dass sie für einen liebevollen, respektvollen Umgang miteinander die besten, nämlich unverfälschte Voraussetzungen mitbringen. Dazu ein kleines Beispiel: Kai war gerade drei Jahre alt geworden, als er zu uns in den Kindergarten kam. Er musste den Kindergarten besuchen, denn seine Eltern waren beide berufstätig. Die Trennung von seiner Mutter fiel Kai aber sehr schwer. Jeden Morgen flossen Tränen und die Trauer des Kleinen schien grenzenlos. Die Erzieherinnen hatten sehr viel Mühe Kai zu beruhigen. Oft gelang das erst nach einer langen Trostphase. Eines Morgens, als der Abschied von Mama wieder einmal sehr tränenreich ausfiel, kam die fünfjährige Natascha dazu. Mit fester Stimme sagte sie zu ihrer Erzieherin: „Geh du und kümmere dich um die anderen Kinder. Ich bleibe bei Kai." Die Erzieherin traute diesem Vorschlag nicht recht, ging dann aber doch, weil sich nicht weit von ihr ein Streit anbahnte. Nach einiger Zeit kam Natascha freudestrahlend auf die Erzieherin zu und erklärte: „Ich glaube, ich hab's geschafft. Kai weint nicht mehr. Und morgen, dann tröste ich ihn wieder. Er ist ja noch klein!" Diese Episode macht zwei Einsichten deutlich. Erstens: Kinder können im Umgang miteinander ein hohes Maß an sozialer Kompetenz entwickeln. Zweitens: Erwachsene trauen Kindern oft zu wenig zu, wenn es um das menschliche Miteinander geht. Zu häufig meinen die Erwachsenen, sie müssten regeln, aufpassen, mahnen, eingreifen.

Mir ist natürlich bewusst, dass Kinder (ebenso wie Erwachsene) oft auch Schwierigkeiten haben, sich „richtig" zu verhalten. Rücksicht nehmen, Verantwortung übernehmen, zuhören können, ausreden lassen, andere Meinungen akzeptieren, Regeln anerkennen, teilen, verzichten usw. sind Verhaltensweisen, die manchen Kindern schwerfallen. Innerhalb einer ganzen Gruppe kann aufgrund des Verhaltens eines einzelnen Kindes schnell Unfrieden und sogar Angst entstehen. Kinder wachsen in einer Gesellschaft auf, in der Tugenden wie rücksichtsvoll oder einfühlsam sein eher als hemmend für das eigene Fortkommen angesehen werden. Wen wundert es da, dass auch Kinder tatkräftig, leider oft auch handgreiflich versuchen sich durchzusetzen. Kinder orientieren sich eben an dem Verhalten der Erwachsenen …

All diese Beobachtungen ließen mich darüber nachdenken, wie Kinder auf spielerischen Wegen ihr Verhalten zueinander erproben, verbessern und stabilisieren können, so dass der liebevolle Umgang miteinander zu einem selbstverständlichen Teil ihres Lebens wird. Dabei erschien es mir wichtig, den Kindern Gelegenheit zu geben, aus Einsicht und innerer Überzeugung Regeln des Miteinanders zu finden und einzuhalten. Ständige Ermahnungen führen nach meiner Erkenntnis selten zu dauerhaftem Erfolg.

In der hier vorliegenden Sammlung von Geschichten, Liedern und Spielen werden einzelne Elemente aufgegriffen, die ein wünschenswertes Miteinander auszeichnen: Jemanden um etwas bitten, statt etwas fordern, dem anderen zuhören, statt ewig dazwischen zu quatschen, Streit sachlich austragen, statt Gewalt anzuwenden, sich bei jemandem bedanken, statt alles selbstverständlich zu nehmen.

Wichtig war mir bei der Auswahl der Angebote, dass die Kinder mit Vergnügen bei der Sache sein können und pädagogische Fachkräfte praxisnahe Anregungen für ihre tägliche Arbeit bekommen.

Viel Freude beim gemeinsamen Spiel mit den Kindern und einen liebevollen Umgang in ihrer Kindergruppe wünscht herzlich

Ingrid Biermann

Ziele

Die Kinder können mit Hilfe der in diesem Buch vorgestellten Angebote

1. lernen, die Individualität des Einzelnen zu respektieren.

2. das harmonische Miteinander erleben, spüren, sehen, fühlen, hören, um dieses Gefühl in sich zu festigen.

3. Wege und Möglichkeiten kennenlernen, durch die das Zusammenleben der Menschen für alle freundlicher gestaltet wird.

4. sich darin üben, den Umgang miteinander aktiv zu verbessern.

5. lernen, Gefahren, die das harmonische Miteinander stören können, früh zu erkennen und ihnen entgegenzuwirken.

6. erfahren, dass es im Umgang miteinander durchaus zu Konflikten kommt, es aber wichtig ist, diese Konflikte fair zu lösen.

7. erkennen, dass zur Lösung von Problemen Gewaltanwendung überflüssig ist.

8. in friedlichem Verhalten gefestigt werden, um Streit und Gewalt sicher entgegentreten zu können.

9. spüren, dass sich ein harmonisches Miteinander nicht erzwingen lässt, sondern nur durch Zuwendung, Verständnis, gegenseitige Rücksichtnahme usw. zu erreichen ist.

10. ein gesundes Selbstbewußtsein entwickeln, lernen auch einmal „Nein" sagen zu können, um auch die eigene Position in Konfliktsituationen darzustellen.

11. das harmonische Miteinander zu einem selbstverständlichen Teil ihres Lebens werden lassen.

Bis zum Erreichen dieser Ziele ist es ein weiter Weg, deshalb sollte gemeinsam mit den Eltern an diesen Zielen gearbeitet werden. Auch wenn nur einige dieser Ziele ganz oder teilweise erreicht werden, lohnt es sich, gemeinsam mit den Kindern den Weg des friedlichen Miteinanders zu gehen.

Ich bin ich und du bist du

Ein Kind kann erst zu anderen Menschen Kontakt aufbauen, wenn es gelernt hat, sich selbst zu mögen, seine eigenen Grenzen zu kennen und zu akzeptieren, sich selbst mit Stärken und Schwächen anzunehmen. Dieses ist oft ein schwieriger Weg, da hier und dort Widersprüche auftreten bei dem, was der Einzelne will, und dem, was der Einzelne darf, kann oder soll. In diesem Kapitel werden dem Kind durch Spiele und Geschichten Hilfen angeboten, sich und die anderen besser kennen zu lernen und die Selbstwahrnehmung zu verbessern.

Das kleine mürrische Nein

An einem warmen, sonnigen Tag sitzt, schlecht gelaunt und völlig mutlos, das kleine Nein auf einer Bank im Stadtpark und schaut ziellos in die Gegend. Obwohl das Wetter zum Lachen, Spielen und Singen auffordert, fühlt sich das kleine Nein sehr unwohl, denn es weiß nicht, was es will. Es möchte spielen und weiß nicht womit und mit wem; der Platz hier gefällt ihm heute nicht, aber es weiß auch nicht, an welchem Ort es lieber wäre. Es fühlt sich heute wie ein hilfloser, kleiner Fisch, der allein und einsam in einem großen Meer schwimmt. Es spürt tief in seinem Inneren eine Wut, die immer stärker wird. Mit mürrischem Blick flüstert es: „Nein, nein und noch einmal nein!" Dabei zerstampft es mit den Füßen die schönen Blumen, die vor der Bank auf dem Rasen stehen. Es mag ihren Duft nicht mehr. Ein alter Mann setzt sich zu ihm auf die Bank. Er beobachtet das kleine Nein und fragt freundlich: „Fehlt dir etwas?" Mit unfreundlicher Stimme, den Kopf nach unten auf den Rasen gerichtet, antwortet es: „Nein!" und schabt mit den Füßen über den Boden. Der alte Mann ist besorgt und fragt: „Suchst du etwas?" Wieder antwortet es mit böser Stimme: „Nein", steht auf und setzt sich auf eine andere Bank. Als es da sitzt, muss es immer wieder zu dem alten Mann hinüber schauen. Es weiß auf einmal gar nicht mehr, warum es heute so schlechte Laune hat und warum es so unfreundlich war. „Soll ich mich entschuldigen?", denkt es. Nein, dazu hat es nun doch keine Lust.
Traurig schaut das kleine Nein den spielenden, lachenden und singenden Kindern im Stadtpark zu. Da es zu gar nichts Lust hat, steht es auf und will nach Hause gehen.

Plötzlich hört es aus der Ferne ein fröhliches Singen, Summen und Pfeifen, das immer näher kommt. Froh gelaunt steht jemand vor ihm und sagt: „Guten Tag! Ich bin das kleine Ja und möchte mit dir spielen." Doch das kleine Nein mag nicht spielen und sagt mürrisch: „Nein!" „Schade!", antwortet das fröhliche Ja und läuft zu den anderen Kindern im Stadtpark. Aus der Ferne beobachtet das kleine Nein wie das kleine, fröhliche Ja mit den anderen Kindern spielt, nach bunten Schmetterlingen Ausschau hält, die warmen Sonnenstrahlen genießt und an den vielen bunten Blumen riecht. Das mürrische Nein schaut zu und mit einem Mal denkt es: „Warum sage ich zu allem Nein? Ich möchte auch Freunde haben und zu dieser schönen Welt Ja sagen." Da fasst es sich ein Herz und geht auf die spielenden Kinder zu. Das kleine, fröhliche Ja fragt: „Willst du jetzt mit mir spielen?" Das kleine Nein räuspert sich und antwortet mit freundlicher Stimme: „Ja!" und reicht dem fröhlichen Ja die Hand. Hand in Hand hüpfen, springen und tanzen sie auf der Wiese herum und genießen diesen schönen Tag. Vor Freude ruft das kleine Nein laut in den Himmel hinein: „Jaaaaaa!" Als es dunkel wird fragt das kleine Ja: „Sehen wir uns morgen wieder?" Mit strahlenden Augen antwortet das kleine, gar nicht mehr mürrische Nein: „Ja!", und es läuft zufrieden und sehr glücklich nach Hause.

Motivation
♦ Gefühle erkennen
♦ Gefühle zulassen und annehmen

Auswertung
♦ pantomimisches Szenenspiel – Einige Szenen dieser Geschichte werden von Kindern pantomimisch dargestellt, die anderen versuchen, die jeweiligen Szenen zu erraten.
♦ Spiegelspiele – Jedes Kind bekommt einen Handspiegel, beobachtet sich darin und versucht, verschiedene Stimmungen und Gefühle durch Mimik zum Ausdruck zu bringen. Anschließend können einige Kinder ihre „Grimassen" vorstellen.

Die Hände

Hinweis: Das folgende Fingerspiel kann auch als Handtheater vorgetragen werden. Zu diesem Handtheater werden zwei Personen benötigt. Zunächst wird ein einfarbiges Betttuch gespannt, in das zwei Kreise geschnitten werden. Ein Kind stellt sich hinter das Betttuch und steckt die Arme durch die beiden Kreise. Während die andere Person den Rätselvers vorträgt, macht das Kind hinter dem Tuch mit den Händen die im Vers genannten Bewegungen.

Rätsel

Sie können malen, kneten, schneiden,
können ganz ruhig bei mir bleiben.
Ich brauche sie tagaus, tagein,
ohne sie kann ich nicht sein.

Gespräch

Das Rätsel kann als Gesprächsanlass genutzt werden. Die Kinder überlegen gemeinsam, was die Hände alles können.

Bewegungsspiel
(Die Handbewegungen sind dem Text zu entnehmen oder sind beschrieben)

Hände können malen, falten
und auch dich ganz sicher halten.   *mit der einen Hand die andere umfassen*
Sie können kneten und auch schreiben
und auch ganz nah bei dir bleiben.   *die Hände auf die Brust legen*
Sie können matschen oder rühren
und auch dich ganz sicher führen.   *die eine Hand umfasst die andere und beide Hände bewegen sich zur Seite*

Die Hände können Freude bringen	*mit den Fingern winken*
und auch dich ganz fest umschlingen.	*Hände zusammenführen*
Ja, meine Hände, die sind schön	*Hände leicht hin und her drehen*
Kann ich mal deine Hände sehn?	*Die Kinder zeigen sich ihre Hände.*

Motivation

♦ sich freuen über die eigenen Möglichkeiten
♦ anderen Menschen mit den Händen Trost spenden

Auswertung

♦ Collage – Mit Hilfe einer gemeinsam angefertigten Collage wird erarbeitet, wie durch Hände Trost und Hilfe gegeben werden kann. Für die Herstellung der Collage sollten viele Zeitschriften zur Verfügung gestellt werden.
♦ Handpflege – Je zwei Kinder setzen sich zusammen. Ein Kind entnimmt einer Tube oder Dose Fettcreme. Nun geben sich beide Kinder die rechte oder die linke Hand und verreiben so gegenseitig, ohne die Hilfe der anderen Hände, die Creme. Durch leise Musik kann dieses Erlebnis noch intensiviert werden.

Ich und du, wir verstehen uns im Nu

Die folgenden Spiele können das Kennenlernen und Aufnehmen von Beziehungen unter den Kindern erleichtern und Wahrnehmungsfähigkeit und Sensibilität fördern.

Wo saß ich?

6 bis 8 Kinder sitzen in der Kreismitte. Der/die Spieler/in merkt sich, wer an welchem Platz sitzt und geht dann vor die Tür. Einige im Kreis sitzende Kinder wechseln ihre Plätze. Das Kind kommt in den Raum zurück und versucht zu erkennen, welche Kinder die Plätze getauscht haben.

Wem gehört was?

6 bis 8 Kinder sitzen im Stuhlkreis. Der/die Spieler/in schaut sich die Kleidung der anderen Kinder genau an und geht vor die Tür. Nun ziehen die im Kreis sitzenden Kinder Kleidungsstücke aus und legen sie in die Mitte. Das Kind wird hereingeholt und muss versuchen, die Kleidungsstücke zuzuordnen.

Bildhauer

Bei dieser Körperübung können drei Kinder zusammen spielen. Ein Kind nimmt eine ausdrucksvolle Körperhaltung ein. Das Bildhauerkind versucht, das dritte Kind so hinzusetzen, dass dessen Körperhaltung der des Modells entspricht. Das „Modellieren" sollte sanft und vorsichtig ausgeführt werden.

Körperpuzzlespiel

Die Kinder laufen durch den Raum. Ruft die Erzieherin laut den Namen eines Körperteils, z.B. Kopf, so laufen die Kinder aufeinander zu und berühren sich dort sehr behutsam. Das Spiel ist beendet, wenn alle größeren Körperteile genannt und gegenseitig berührt wurden.

Detektivspiel

6–8 Kinder sitzen im Kreis, ein Kind spielt Detektiv. Es schaut sich die anderen Kinder genau (Kleidung, Brille, Haarfarbe usw.) an und geht dann vor die Tür. Die Kinder wechseln die Plätze und bestimmen aus ihrer Mitte den Dieb und den Bestohlenen. Der Bestohlene merkt sich, wie der Dieb aussieht und stellt sich in die Kreismitte. Der Detektiv wird in den Raum zurückgeholt und versucht, durch gezielte Fragen an den Bestohlenen den Dieb herauszufinden.

Beispiele:

Detektiv: „Welche Farbe hat die Hose des Diebes?"

Bestohlener: „Rot."

Detektiv: „Trägt der Dieb eine Brille?"

Die Nachteule

Ein Kind spielt die Nachteule, die sich am Tag verirrt hat. (Ihm werden die Augen verbunden.) Da die Nachteule tagsüber nichts sehen kann, muss sie von einem Kind durch genaue Anweisungen über Hindernisse (Kinder, die hocken, liegen, usw.) gelotst werden, um zu ihrer Behausung zu kommen.

Ohne Worte

Die Kinder stehen im Kreis. Durch Augenzwinkern, Anlächeln, Kopfnicken, intensives Anschauen verständigen sich je zwei Kinder und tauschen miteinander die Plätze.

Motivation
♦ sich spielerisch näher kennenlernen
♦ Beziehungen aufbauen, die den Umgang miteinander erleichtern

Ich fühl mich heut so wohl

Material: Tennisbälle, Federn, weiche Stoffe, Fellreste und Kosmetikwatte
Hinweis: Die Anweisungen sollten immer leise und sehr ruhig gegeben werden. Durch einen Glockenton können jeweils Beginn und Ende der An- und Entspannungsphasen signalisiert werden.
Diese Spiele sind als Angebote zu verstehen. Nur wer gerne möchte, macht mit.

Zu Beginn eine Meditation mit Musik

8 bis 10 Kinder in Gymnastikbekleidung liegen in einem verdunkelten Raum auf einer Decke. Eine Kerze steht in der Mitte des Raumes. Die Kinder lauschen einer meditativen Musik und nehmen durch An- und Entspannungsübungen, durch Atemspiele und Stilleübungen sich und die Umwelt wahr.

An- und Entspannungsübungen

Jedes Kind stellt sich auf eine Decke, schließt die Augen, legt die Hand auf den Bauch und atmet langsam tief ein und aus, so dass die Hand leicht auf und ab geht. Danach lässt es die Arme locker rechts und links neben dem Körper hängen. Nun werden die Schultern weit hochgezogen und die Hände zu einer Faust geballt (einatmen). In dieser Anspannung ca. 5 Sekunden verweilen (Atem anhalten). Die Schultern langsam wieder locker fallen lassen. Dabei die Hände öffnen (ausatmen).
(Diese Übung mehrmals wiederholen)

Jedes Kind sitzt auf einer Decke, schließt die Augen, legt eine Hand auf den Bauch und atmet langsam und tief ein und aus. Dann führt es behutsam die Arme seitlich hoch, bis in die Waagerechte (dabei einatmen). Die Handflächen werden nach außen gedreht und die ausgestreckten Arme so weit nach hinten geführt, dass die Schulterblätter hinten näher zusammenkommen. In dieser Anspannung bleibt das Kind ca. 5 Sekunden sitzen (Atem anhalten). Danach werden die Arme langsam wieder nach unten in die Entspannung geführt (ausatmen).
(Diese Übung mehrmals wiederholen)

Die Kinder liegen mit geschlossenen Augen auf der Decke. Eine Hand liegt auf dem Bauch. Es wird tief ein- und ausgeatmet, so dass sich der Bauch hebt und senkt. Die Kinder legen die Arme locker neben den Körper. Die geöffneten Hände werden zu einer Faust fest zusammengeballt (einatmen), jeder bleibt ca. 5 Sekunden in dieser Anspannung (Atem anhalten), die Kinder öffnen die Hände und legen sie locker neben den Körper (ausatmen). *(Diese Übung mehrmals wiederholen)*

Streichelspiele

Die Kinder finden sich paarweise zusammen. Mit Hilfe von bereitgestellten Materialien wie Bällen, Federn, weicher Wolle, Fellresten oder Kosmetikwatte können sie sich bei meditativer Musik gegenseitig streicheln und sanft berühren.

Stilleübungen

Die Kinder legen sich wieder auf ihre Decke. Sie schließen die Augen und atmen ruhig und gleichmäßig ein und aus. Sie versuchen, die Stille in dem Raum wahrzunehmen und sie zu ertragen. Wenn sie das nicht mehr schaffen, öffnen sie die Augen und setzen sich.

Alternative: Die Kinder liegen auf der Decke, schließen die Augen, atmen tief ein und aus und nehmen die Stille wahr. Hören sie ein Signal (Triangel, Wecker), öffnen sie die Augen und setzen sich.

Alternative: Die Kinder liegen auf der auf Decke, schließen die Augen, atmen tief ein und aus und nehmen die Stille wahr. Hören sie einen Ton (Triangel), führen sie ihre Arme langsam hoch in die Luft. Ist der Ton verklungen, lassen sie langsam den Arm zur Decke herunter, öffnen die Augen und setzen sich.

Motivation
- ♦ zulassen von Körperkontakten
- ♦ mit der Stille umgehen können
- ♦ Stille genießen können

Kleine Flunkereien

Spielanleitung: Jedes Kind bekommt eine Pfeife, Rassel oder ein anderes Instrument. Dieses Instrument wird immer dann eingesetzt, wenn im folgenden Gedicht etwas Unwahres gesagt wird.

Kommt, hört gut zu, ich sag euch was,
dieses Flunkerspiel macht Spaß,
pfeifen (rasseln) dürft ihr, wenn ich lüge,
wenn ich flunker, euch betrüge.
Passt nun gut auf und gebt mal acht,
dass keiner einen Fehler macht.

Die Sonne, die ist rund und blau,
der Elefant, ja, der ist grau.

Die Ente, die hat einen Schwanz,
der Hahn hat auf dem Kopf 'nen Kranz.

Ein Würfel, der ist kugelrund,
der Mann im Mond hat einen Mund.

Die Sonnenblume, die ist weiß,
im Winter rinnt vom Kopf der Schweiß.

Die Maus, die frisst am liebsten Speck,
das Schwein, das wühlt so gern im Dreck.

Des Morgens geht der Mond hell auf,
ja, so beginnt der Tageslauf.

Des Abends gehn die Sterne unter,
des Nachts wird jede Eule munter.

Ich hab geflunkert und betrogen,
ich hab ganz kräftig nun gelogen.
Doch mit dieser Flunkerei
ist's nun endgültig vorbei.

Motivation
♦ genau zuhören
♦ richtig-falsch/wahr-unwahr unterscheiden können

Auswertung
♦ Die Kinder erzählen von ihren Erfahrungen mit Lüge, Übertreibung, Phantasie.

Peter ist sprachlos

Peter geht seit einiger Zeit in den Kindergarten. Er wird jeden Morgen mit einem großen Auto gebracht. Ein Mann steigt aus und öffnet dem Jungen die Autotür. Peter geht, ohne sich zu verabschieden in den Kindergarten, hängt im Flur seine Buttertasche auf, zieht seine Jacke aus und geht in die Gruppe. Dort setzt er sich an einen Tisch und schaut sich Bilderbücher an. Dabei spricht er nicht, lacht nicht und kümmert sich auch nicht um die anderen Kinder, die nach und nach in die Gruppe kommen. Die Erzieherin begrüßt ihn jeden Morgen sehr freundlich. Sie kommt auf ihn zu, streicht ihm über den Kopf und sagt: „Guten Morgen Peter, schön dass du da bist." Doch Peter schaut nicht auf. Er sitzt einfach nur da und starrt auf das Bilderbuch. Manchmal sitzt er auch ganz ruhig in einer Ecke oder auf einem Stuhl und schaut den anderen Kindern beim Spielen zu. Niemand weiß, ob er glücklich oder traurig ist, was er fühlt oder denkt. Er teilt seine Wünsche nie mit und darum weiß auch niemand mit ihm umzugehen. Peter wird mittags mit dem großen Auto wieder abgeholt. Der Mann öffnet ihm die Tür, Peter steigt ein und das Auto fährt weg.

So wie dieser Tag vergeht jeder Tag. Peter spricht nie, lächelt kaum und niemand weiß, warum das so ist. Die Erzieherin hat schon oft bei Peter zu Hause angerufen, doch seine Eltern sind nie zu sprechen.

Eines Morgens fährt das große Auto nicht vor und Peter kommt nicht in den Kindergarten. Obwohl Peter noch nie mit jemandem gesprochen oder gespielt hat, wird er von allen Kindern sofort vermisst. „Wo ist Peter?", fragen sie die Erzieherin. Doch sie kann ihnen keine Antwort auf die Frage geben. So vergehen einige Tage, und niemand weiß, warum Peter nicht in den Kindergarten kommt.

Dann fährt eines Morgens das große Auto wieder vor. Doch der Mann steigt alleine aus und geht auf den Kindergarten zu. Er geht zur Erzieherin und spricht mit ihr. Als sie wieder in der Gruppe ist, überfallen die Kinder sie mit vielen Fragen: „Was ist mit Peter? Wann kommt er wieder? Ist er verreist?" Die Erzieherin sagt den Kindern, dass Peter sehr krank sei. Er habe seit einigen Tagen hohes Fieber und dürfe nicht aufstehen. Es werde noch lange Zeit dauern, bis er wieder in den Kindergarten kommen könne. Die Kinder sind traurig, obwohl sie nie mit Peter gespielt haben. Sie wollen ihn besuchen, wenn es ihm besser geht. In den nächsten Tagen sind die Kinder nur damit beschäftigt, für Peter Bilder

zu malen und Geschenke zu basteln. Eines Morgens verkündet die Erzieherin der ganzen Kindergartengruppe: „Peter geht es wieder besser. Wir dürfen ihn besuchen." Die Erzieherin macht sich mit einigen Kindern auf den Weg zu Peter. Als sie dort ankommen, sind sie sehr erstaunt. Das Haus, in dem er wohnt, ist riesengroß. Es steht mitten in einem Park, und eine hohe Mauer mit einem großen Tor versperrt den Zugang zum Haus. Sie müssen klingeln. Nach einiger Zeit kommt der Mann, der Peter mit dem Auto in den Kindergarten bringt und öffnet ihnen. Er führt sie ins Haus. Es sieht von innen riesig aus, fast wie ein Schlösschen. „Wo sind Peters Eltern?", fragt die Erzieherin. Der Mann erklärt: „Peter wohnt hier mit dem Vater. Seine Mutter hat kurz bevor Peter in den Kindergarten gekommen ist, die Familie verlassen. Peters Eltern haben sich nicht gut verstanden. Sie haben sich viel gestritten. Peters Vater ist viel auf Reisen und daher ist der Junge oft allein. Niemand hat Zeit für

ihn." Er führt die Kinder zu Peter. Er liegt in seinem Bett und schaut wie immer traurig aus. Doch als die Kinder ihm die vielen Geschenke überreichen, sehen sie, wie er zu lachen beginnt. Er schaut sich die vielen schönen Bilder an und seine sonst so traurigen Augen strahlen ein wenig.

Die Kinder bleiben zusammen mit der Erzieherin noch einige Zeit bei Peter. Dann mahnt sie: „So, ich denke, das reicht für heute. Peter darf sich nicht überanstrengen." Als sie sich von ihm verabschieden, fragt Peter leise: „Kommt ihr noch einmal wieder?" „Na klar!", sagt ein Kind. „Und wenn du willst schon morgen!", ruft ein anderes. Peter lacht und sagt: „Dann bis morgen!" Von diesem Tag an bekommt Peter täglich Besuch von einigen Kindern aus seiner Gruppe, und es geht ihm von Tag zu Tag besser. Nach einigen Wochen ist er nicht nur wieder gesund, sondern er lacht, spricht und freut sich mit den anderen Kindern im Kindergarten.

Motivation
♦ sich für den anderen Menschen interessieren
♦ ihm Zuwendung entgegen bringen
♦ zu ihm halten
♦ sein Verhalten zu verstehen versuchen

Auswertung

♦ Der Genesungskalender – Die Kinder malen oder gestalten durch verschiedene Techniken zu jedem Wochentag ein Bild. Die Werke werden zu einem Kalender zusammengeheftet. Die einzelnen Tagesbilder können zusätzlich mit kleinen Versen oder guten Wünschen versehen werden.

♦ Genesungsbild „Viele Hände trösten dich" – Auf ein ausgedientes Backblech o. Ä. wird eine dickflüssige Gipsmasse geschüttet. Nachdem sie etwas angetrocknet ist, drückt jedes Kind seine linke oder rechte Hand dort hinein. Nach dem Trocknen können die „Hände" in unterschiedlichen Wasserfarben angemalt werden.

Willst du
mitspielen?

Das Spiel ist eine gute Möglichkeit mit anderen in Kontakt zu treten. Kinder nutzen diese Chance viel besser als Erwachsene. Das Kind nimmt im Spiel aktive, aber auch passive Positionen ein. Auf der einen Seite redet es, bestimmt es, schlägt es vor usw., auf der anderen Seite wird von ihm verlangt zu schweigen, die Meinung der anderen zu akzeptieren, Regeln zu beachten, eigene Wünsche in den Hintergrund zu stellen, zuzuhören, still zu sein u. v. a. m. Durch die in diesem Kapitel genannten Angebote sollen die Kinder spielend lernen, sich und ihre Bedürfnisse ein wenig zurückzunehmen, um das friedliche Miteinander auf diese Weise zu erleben und Freude daran zu empfinden.

Herr Danke und Frau Schön

In einem Hochhaus, unter dem Dach,
wohnt Herr Danke, er mag keinen Krach.
Hier oben findet Herr Danke es fein,
hier hat er es ruhig, hier lebt er allein.
Herr Danke ist ein höflicher Mann,
er sagt stets Danke, wo immer er kann.
Er fühlt sich sehr wohl an diesem Ort,
Herr Danke will von hier nie wieder fort.

In dem Hochhaus direkt nebenan
wohnt Frau Schön, sie ist ohne Mann.
Sie sieht gut aus, ihre Kleider sind schön,
sie würde auch niemals ungeschminkt gehn.
Sie trägt gerne Hüte, macht sich immer schick,
sie braucht keinen Menschen zu ihrem Glück.
Frau Schön, sie lebt viel lieber allein,
sie braucht keinen andern, um zufrieden zu sein.

Willst du mitspielen?

Morgens um sieben gehen sie aus dem Haus,
Frau Schön sieht immer sehr elegant aus.
Kommt dann Herr Danke und sagt freundlich: „Hallo!“,
dann lächelt Frau Schön, der Gruß macht sie froh.
Sie spürt ganz genau, das Wort tut ihr gut,
doch zum freundlichen „Hallo“ fehlt ihr noch der Mut.
Darum sagt sie nichts, geht stumm geradeaus,
abends sitzen beide alleine zu Haus.

Eines Morgens, als sie wieder so gehn,
bleiben sie lächelnd voreinander stehn,
sagen: „Hallo!“, gehen zusammen ein Stück
und kommen am Abend gemeinsam zurück.
Jetzt sitzen sie abends nicht mehr allein,
sie treffen sich oft, trinken ein Glas Wein.
Nach vielen Wochen ist an der Haustür zu sehn,
hier wohnen Herr und Frau Danke-Schön.

(aus: Bausteine Kindergarten, Verlag Bergmoser und Höller, Heft 4, Aachen 1996)

Motivation
♦ den Mitmenschen höflich und freundlich begegnen
♦ Zusammenhang zwischen Freundlichkeit und Freundschaft verstehen

Auswertung
♦ Rollenspiel

Komm, mach mit

1. Komm, mach mit und hör gut zu, was ich hö - re, hörst auch du.

Hörst du, wie die Vö - gel sin-gen, uns ein schö - nes Lied nun brin - gen?

Refrain

O, ist das herr - lich, ist das schön, mit dir durch

die - se Welt zu gehn. Ge - mein - sam hö - ren wir viel

mehr, ge - mein - sam ist das gar nicht schwer.

2. Komm, mach mit und schau gut zu,
   was ich sehe, siehst auch du.
   Siehst du den Schatten an der Wand?
   Er geht mit uns nun Hand in Hand.

3. Komm, mach mit und schau gut zu,
   was ich spüre, spürst auch du.
   Spürst du den warmen Sonnenschein?
   Er dringt ganz tief in uns hinein.

4. Komm, mach mit und schau gut zu,
was ich kann, das kannst auch du.
Hüpf jetzt wie ich auf einem Bein,
denn viel mehr Spaß macht es zu zwei'n.

Zehn friedliche Fingerlein

Hier sind zehn kleine Fingerlein,
die wollen gute Freunde sein.

Finger zappeln
Hände falten

Sie zappeln hin und zappeln her,
auch das Klatschen ist nicht schwer.

Finger zappeln,
klatschen

Sie können sich beugen
und auch strecken,
oder sich ganz schnell verstecken.

Finger knicken
Finger spreizen
Hände hinter den Rücken legen

Sie reiben sich warm,
nehmen sich in den Arm.

Hände reiben
Hände zusammenlegen

Sie klettern mal rauf
und dann wieder runter.

mit den Fingern Krabbelbewegungen machen

Sind stets gut gelaunt,
sind immer putzmunter.

Finger zappeln
Hände schütteln

Kommt der helle Mondenschein
schlafen sie zusammen ein.

mit den Händen eine Kugel formen
Hände zur Faust schließen

Motivation
♦ erkennen, dass in der Gruppe vieles mehr Spaß macht
♦ herausfinden, was man alles miteinander tun kann

Stein und Holz

Erlebnisspaziergang

Am Vortag dieser Rhythmik sammeln die Kinder beim Spazierengehen Steine und Äste. Am folgenden Tag wird in einem Gespräch auf den Spaziergang Bezug genommen. Erlebnisse, die die Kinder noch in Erinnerung haben, werden in der Rhythmik in Bewegung umgesetzt.

Rhythmische Übungen

Die gesammelten Steine und Äste werden im Raum verteilt. Anschließend springen, hüpfen oder gehen die Kinder im Takt (Tamburin) über diese Hindernisse, ohne sie zu berühren.

Für Steine und Äste werden bestimmte Instrumente eingesetzt. Ertönen sie, so springen die Kinder über den dem Instrument zugeordneten Gegenstand (z.B. Triangel = Steine, Klanghölzer = Äste).

Die auf dem Spaziergang beobachteten Tiere werden durch verschiedenfarbige Tücher gekennzeichnet.

Beispiele:
♦ kriechen = Regenwurm = blaues Tuch
♦ rennen = Maus = rotes Tuch
♦ hüpfen = Hase = gelbes Tuch
♦ krabbeln = Käfer = grünes Tuch

Die Erzieherin winkt jeweils mit einem der Tücher. Die Kinder führen die den Farben zugeordneten Bewegungen aus, berühren aber dabei nicht die Äste und Steine.

Jedes Kind nimmt zwei auf dem Boden liegende Steine. In einer Experimentierphase erzeugen sie damit verschiedene Geräusche.

Willst du mitspielen?

Die Kinder begleiten den folgenden Vers mit den darin beschriebenen Geräuschen:

Reibt die Steine, hart und schwer,
kräftig aneinander her,
lasst sie aufeinander prallen,
dieses Spiel gefällt uns allen.

Die Kinder experimentieren auf die gleiche Weise mit den gesammelten Ästen zu folgendem Vers:

Reibt die Zweige, lang und schwer,
kräftig aneinander her,
lasst sie aufeinander prallen,
dieses Spiel gefällt uns allen.

Mit den Steinen und Ästen werden nun zwei Wege gelegt. Die Kinder bewegen sich auf diesen Wegen in einem vorgegebenen Rhythmus (Tamburin) laufend, hüpfend, springend, krabbelnd.

Zum Abschluss legen die Kinder aus den Steinen und Ästen gemeinsam ein Bild.

Motivation
♦ zuhören
♦ hinsehen
♦ miteinander spielen

Der friedliche Ort

Vorbereitungen: Ein Raum wird verdunkelt und auf eine angenehme Raumtemperatur erwärmt. Decken für ca. acht Kinder werden in Kreisform gelegt. In der Mitte des Raumes steht eine Kerze. Eine Duftlampe verbreitet einen angenehmen und beruhigenden Duft (z.B. Lavendel). Eine kleine Lampe erhellt den Raum. Ruhige, meditative Musik untermalt die folgende Phantasiereise. Der Text wird leise, betont und mit vielen Pausen (nach jedem Satz bzw. jeder Zeile) vorgelesen.

Phantasiereise

Leg dich locker und entspannt auf deine Decke.
Schließe deine Augen und atme langsam und gleichmäßig tief ein und aus.
Ich lade dich zu einer Reise ein.
Gemeinsam besuchen wir einen friedlichen, stillen Ort.
Stell dir vor, du sitzt unter einem großen, dicken Baum.
Er steht mitten auf einer Wiese mit blauen Blumen.
Du atmest ihren Duft tief ein.
Ein warmes Gefühl breitet sich in deinem Körper aus.
Die Wiese schimmert blau wie ein Meer, und die Blumen bewegen sich im säuselnden Wind hin und her.
Es ist still an diesem Ort, kein lautes Wort, kein störendes Geräusch ist zu hören.
Es tut dir gut, dem leisen Gesang des Windes zuzuhören.
Der große, mächtige Baum steht schützend über dir.
Auch seine Blätter bewegen sich leise hin und her.
Sie flüstern dir etwas ins Ohr.
Hör gut hin, dann kannst du es verstehen.
Die Blätter sagen immer dasselbe:
„Schau gut hin und hör gut zu, dann findest den friedlichen Ort auch du."
Dieser Satz dringt tief in dich hinein.
Du hörst ihn immer wieder.

Willst du mitspielen?

Ruhig und entspannt sitzt du unter dem Baum und sprichst in Gedanken immer wieder leise den Satz: „Schau gut hin und hör gut zu, dann findest den friedlichen Ort auch du."
Lange sitzt du unter dem Baum und schaust in das blaue Blumenmeer.
Hier geht es dir gut, hier fühlst du dich wohl.
Langsam wird es dunkel.
Ein weißer Schmetterling kommt auf dich zu.
Er hat auf seinen Flügeln zwei dicke rote Punkte.
Er nimmt dich mit und bringt dich sicher in deine Welt zurück.
Vor deinen Augen wird es wieder dunkel.
Einen kurzen Augenblick denkst du noch an den friedlichen Ort zurück.
Langsam bewegst du deine Finger, deine Arme, deine Zehen, deine Beine, deinen ganzen Körper, reckst und streckst dich, gähnst laut und setzt dich wieder auf deine Decke.

Motivation
♦ miteinander die Stille genießen
♦ die Ruhe aushalten können
♦ Anspannungen lösen

Auswertung
♦ Kinder schildern ihre „Reiseerlebnisse",
♦ malen den Ort der Stille (den Baum, die Wiese, den Schmetterling) mit leuchtenden Farben
♦ oder legen dazu ein Bild mit verschiedensten Materialien (bunten Steinen, Zweigen, Perlen und Bändern usw.).

Streitaxt oder Friedenspfeife?

Der Umgang der Kinder untereinander verläuft nicht immer harmonisch. Dass Streit und schwer zu vereinbarende Wünsche und Vorstellungen auch zu einer Beziehung gehören, ist eine Erfahrung, die Kinder zwangsläufig beim Spielen machen. Manche Kinder trauen sich nicht Konflikten entgegenzutreten oder im Spiel ihre Positionen zu verteidigen. Sie lassen sich von Stärkeren herumschubsen, zurechtweisen und verlieren so ihre Selbstsicherheit. Diese Schüchternen müssen lernen, auch Nein sagen zu können und Missstimmungen auszuhalten.

Wie Kinder diese Konflikte bewältigen, hängt von ihrer Entwicklung, ihrem Alter, ihren Veranlagungen, aber auch von ihren bisherigen Erfahrungen ab. Wer bisher gelernt hat, dass er mit dem Recht des Stärkeren Konflikte zu seinen Gunsten lösen kann, lässt sich schwerer auf gewaltfreie, gerechtere Wege der Konfliktlösung ein. In diesem Kapitel finden sich Anregungen, wie Kinder lernen, Konflikte fair zu lösen und wie sich durch das Verinnerlichen bestimmter Verhaltensmuster friedliche Lösungen einfacher finden lassen.

Frau Trampel und Frau Klatsch

Hinweis: Fällt das Wort **Trampel**, stampfen die Kinder einmal mit den Füßen auf den Boden, bei **Klatsch** klatschen sie einmal in die Hände.

Frau **Trampel** und Frau **Klatsch** wohnen gemeinsam in einem Haus. Ihre Wohnungen liegen sich direkt gegenüber. So können sie sich gegenseitig beobachten. Frau **Trampel** und Frau **Klatsch** mögen sich nicht besonders gern. Sie grüßen sich nicht, sprechen nicht miteinander und schauen sich nicht an.

Heimlich jedoch beobachtet Frau **Trampel** Frau **Klatsch** und auch Frau **Klatsch** beobachtet Frau **Trampel**. Kauft Frau **Trampel** sich ein rotes Kleid mit weißen Punkten, dann kauft Frau **Klatsch** sich ein rotes Kleid mit weißen und blauen Punkten. Kauft Frau **Klatsch** sich einen großen Hut, dann kauft Frau **Trampel** sich einen noch größeren Hut.

Gönnt sich Frau **Klatsch** ein Eis mit drei Bällchen, gönnt sich Frau **Trampel** eins mit fünf Bällchen. So geht's tagaus tagein.

Eines Tages treffen sich Frau **Trampel** und Frau **Klatsch** in der Straßenbahn. Zufällig sitzen sie nebeneinander. Frau **Klatsch** hat ihren großen Hut auf und Frau **Trampel** trägt ihren noch größeren Hut. Beide sitzen stolz nebeneinander und schauen sich nicht an. Plötzlich bremst die Straßenbahn und beiden fällt der Hut auf den Boden. Sie bücken sich und stoßen mit ihren Köpfen aneinander. Frau **Klatsch** und Frau **Trampel** schauen sich an und müssen lachen. Sie nehmen ihre Hüte vom Boden und setzen sie wieder auf. Doch sie haben ihre Hüte vertauscht. Frau **Trampel** trägt den Hut von Frau **Klatsch** und Frau **Klatsch** den von Frau **Trampel**. Als sie das bemerken, müssen sie wieder lachen. Frau **Klatsch** und Frau **Trampel** reden und lachen nun während der gesamten Fahrt miteinander. Von diesem Tag an ist Frieden zwischen Frau **Trampel** und Frau **Klatsch** und sie machen vieles gemeinsam.

Motivation

◆ nicht neidisch sein
◆ dem anderen etwas gönnen
◆ sich mitfreuen

Auswertung

◆ Hutspiel – Die Kinder sitzen im Kreis. Der/die Erzieher/in setzt einem Kind einen besonders schönen Hut auf den Kopf. Die anderen Kindern machen nun dem Hutträger oder der Hutträgerin Komplimente, z.B. *Der Hut steht dir gut, denn er passt zu deinen blauen Augen.* Das Spiel wird reihum fortgesetzt, so dass jeder einmal den Hut aufsetzen kann und Komplimente „einheimst".

Freunde

Hinweis: Die Kinder können sich für dieses Fingerspiel gegenseitig lustige Gesichter auf ihre Finger malen. Die Bewegungen der Hände kann man dem Text entnehmen.

Diese fünf Finger an der Hand
sind dir und mir nicht unbekannt.
Sie malen, schreiben und winken dir zu,
kommen selten nur zur Ruh.
Doch nebenan, du kannst es sehn,
fünf von ihren Freunden stehn.
Auch diese können allerhand,
sind dir auch nicht unbekannt.

Zehn Finger rennen hin und her,
auch das Zappeln ist nicht schwer.
Sie laufen 'rauf und wieder 'runter,
auch das Drehen macht sie munter.
Sie raufen, streicheln, kitzeln sich,
sie mögen dich und auch mich.
Glücklich schlafen sie dann ein,
sie wollen immer Freunde sein.

(aus: Bausteine Kindergarten, Verlag Bergmoser und Höller, Heft 3, Aachen 1994)

Motivation
♦ in einer Gemeinschaft gibt es positive und negative Gefühle
♦ in einer Gemeinschaft unterstützt einer den anderen

Auf der Suche nach Frieden

Nils und Moritz sind nicht nur Brüder, sondern auch gute Freunde. Sie spielen immer miteinander und schlafen gemeinsam in einem Zimmer. Heute hat Nils Geburtstag. Er wird sechs Jahre alt. Von seinen Eltern bekommt er eine kleine, acht Wochen alte, weiße Hündin geschenkt. Nils freut sich sehr darüber und nennt sie Bea. Von nun an spielt Nils sehr viel mit Bea. Für seinen Bruder hat er nur noch wenig Zeit. Moritz freut sich gar nicht darüber. Er ärgert sich sogar, wenn Nils und Bea miteinander toben. Bald merkt Nils, dass Moritz neidisch ist, weil er keinen eigenen Hund hat.

Freundlich fordert er ihn deshalb auf: „Komm, spiele mit!" Aber Moritz antwortet brummig: „Ich hab keine Lust" und er geht weg.

Moritz und Nils verstehen sich nicht mehr so gut. Immer häufiger streiten die beiden miteinander. Mal streiten sie um einen Ball, ein anderes Mal um ein Spielzeug. An manchen Tagen spielen sie überhaupt nicht miteinander. Durch den ständigen Streit mit seinem Bruder ist Nils jetzt häufig schlecht gelaunt.

Auch Bea bekommt das zu spüren. Nils spielt kaum noch mit ihr, streichelt sie nur selten, bürstet ihr das Fell nicht und versorgt sie manchmal nicht einmal mit Futter. Es kommt sogar vor, dass Bea bei einem Streit zwischen den beiden Brüdern einen Tritt abbekommt. Dann kriecht sie ängstlich in eine Ecke und verfolgt von dort den Streit.

Allmählich wächst in Bea der Wunsch fortzulaufen und einen Ort zu suchen, wo die Menschen nicht ständig streiten. Eines Nachts, als alle schlafen, macht sie ihren Vorsatz wahr. Leise schleicht sie sich aus dem Haus und rennt in den nahegelegenen Wald. Dort trifft sie einen Fuchs. Der fragt sie: „Was machst du hier im Wald? Du wohnst doch dort hinten bei den Men-

schen." Mit trauriger Stimme erzählt Bea: „Ich bin fortgelaufen, weil Nils und Moritz immer streiten. Und nun suche ich nach einem friedlichen Ort. Weißt du, wo ich diesen Ort finde?" Der Fuchs gibt sich ganz schlau: „Geh nur immer weiter, lass dich nicht entmutigen."

Voller Hoffnung macht Bea sich auf den Weg. Als sie schon eine lange Zeit gegangen ist, hört sie laute Stimmen. Eilig läuft sie darauf zu. Sie kommt an einen großen, schönen Spielplatz. Dort toben viele Kinder, aber auch sie spielen nicht friedlich miteinander: Einige bewerfen sich mit Sand, andere raufen miteinander. Ein Mädchen steht weinend in einer Ecke, weil die anderen Kinder es nicht mitspielen lassen. Bea steht regungslos da und schaut zu. Sie kann nicht begreifen, wie man sich an einem so schönen Ort streiten kann. „Nein!", sagt sie, „Hier möchte ich auch nicht bleiben."

Schnell läuft sie weiter. Schließlich kommt sie in eine Stadt, in der es viel zu sehen und zu hören gibt. Menschen laufen hastig hin und her. Autos fahren hupend über die Straßen. Plötzlich hört Bea direkt neben sich laute, böse klingende Stimmen. Sie bleibt stehen und sieht, wie sich zwei Männer um einen Parkplatz streiten. Sie reden sehr laut miteinander, und keiner lässt den anderen ausreden. Bea versteht das nicht: Nur ein kleines Stück weiter sind noch vie-

le Parkplätze frei. Der Streit erinnert sie an Moritz und Nils. Traurig setzt sie ihren Weg fort.

Niedergeschlagen lässt Bea den Kopf hängen und bemerkt gar nicht, dass ein kleiner Vogel sie begleitet. Erst als er laut zwitschert, bleibt sie stehen. Der kleine Vogel setzt sich vor Beas Pfoten und fragt: „Warum läufst du so nachdenklich durch die Gegend?" Bea erzählt von ihren Erlebnissen und ihrer Suche nach einem friedlichen Ort. Der Vogel versucht, sie zu trösten. Fröhlich zwitschert er ihr in die Ohren: „Bald wirst du diesen friedlichen Ort finden. Dort gehen die Menschen zärtlich und liebevoll miteinander um. Lauf nur weiter in diese Richtung, und lass dich nicht entmutigen."

Jetzt schöpft Bea neuen Mut. Mit erhobenem Kopf läuft sie weiter. Bald erreicht sie einen Bauernhof. Sie bleibt stehen und schaut sich den Hof an. Auf einer Wiese grasen zufrieden ausschauende Kühe und Pferde. Aus einem Stall quieken viele vergnügte Schweine. Laut gackernd laufen einige Hühner über den Hof. Vor dem Schweinestall entdeckt Bea eine leere Hundehütte. Weil sie sehr müde ist, läuft sie direkt darauf zu und legt sich hinein. Bea fühlt sich sehr wohl. Ob dies der friedliche Ort ist, von dem sie die ganze Zeit geträumt hat?

Plötzlich hört sie freundliche Stimmen und fröhliches Lachen. Neugierig schaut sie aus der Hütte. Sie sieht zwei Jungen, die ein Pony in den Hof führen und ihm frisches Wasser und Heu holen. Bea verhält sich ganz ruhig und beobachtet die beiden weiter. Jetzt holen sie ein Tuch und reiben nacheinander dem Pony das Fell trocken. Dabei haben sie viel Spaß. Doch plötzlich wird es laut. Die Jungen streiten. Der Wassereimer fällt um, und die beiden Jungen zerren an dem Tuch. Weinend laufen beide ins Haus. Sofort erinnert sich Bea an Nils und Moritz.

Bea will sich gerade enttäuscht wieder fortschleichen, als die beiden Jungen lachend aus dem Bauernhaus stürmen. Nun hat jeder von ihnen ein Tuch in der Hand. Gemeinsam reiben sie das Pony trocken und reden und lachen miteinander. Die Mutter kommt aus dem Haus und schaut ihnen lächelnd zu. „Hier bleibe ich …", denkt Bea. Freudig mit dem Schwanz wedelnd läuft sie auf die beiden Jungen und ihre Mutter zu.

Motivation

- sich streiten, sich vertragen
- sich nach Frieden sehnen

Auswertung

- Einzelne Szenen können im Rollenspiel dargestellt werden.

Lisa und Frieda

Hinweis: Jede Strophe wird zweimal gesungen. Der Text gibt die Bewegungen vor oder
sie sind beschrieben.

1. Seht her, die klei - ne Li - sa weckt ih - re Freun-din Frie - da. Seht

her, die klei - ne Li - sa weckt ih - re Freun-din Frie - da.

1. Seht her, die kleine Lisa
   weckt ihre Freundin Frieda.

   *linker Zeigefinger tippt auf gekrümmten rechten
   Zeigefinger; der zweite Finger wird hochgestreckt*

2. Die beiden klettern mit Geschnauf
   einen hohen Berg hinauf.

   mit den Zeigefingern Kletterbewegungen machen

3. Sie springen kopfüber ins kühle Nass,
   schwimmen macht den beiden Spaß.

4. Sie hüpfen gemeinsam,
   sie haben sich gern,
   zanken, das liegt ihnen fern.

   *die Zeigefinger verhaken sich
   die verhakten Zeigefinger bewegen sich hin und her*

5. Sie streicheln und sie drücken sich,
   sie schmusen und verstecken sich.

   die Zeigefinger werden hinter dem Rücken versteckt

6. Sie tanzen froh und drehn sich schnell
   immer auf der selben Stell'.

7. Sind sie dann müd', gehn sie zur Ruh,
   machen ihre Augen zu.

   beide Zeigefinger einknicken

39

Streit und Hass

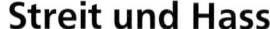

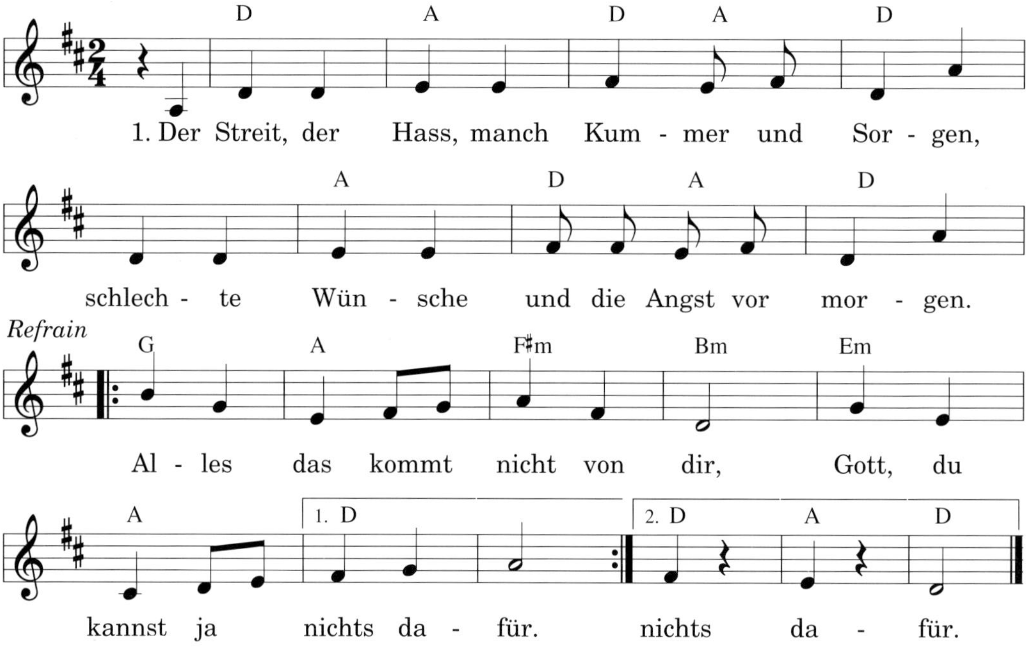
D A D A D
1. Der Streit, der Hass, manch Kum - mer und Sor - gen,
A D A D
schlech - te Wün - sche und die Angst vor mor - gen.
Refrain
G A F♯m Bm Em
Al - les das kommt nicht von dir, Gott, du
A 1. D 2. D A D
kannst ja nichts da - für. nichts da - für.

2. Der Neid, die Wut
und böse Gedanken.
Kämpfen, kratzen,
auch schlagen und zanken.
Refrain

3. Du willst Liebe,
keinen Neid,
du willst Freude,
keinen Streit.
Refrain

4. Du willst Glück,
keine Trauer,
du willst Freiheit,
keine Mauer.
Refrain

Wer genau hinschaut ...

Den Umgang mit anderen Menschen zu gestalten ist ein spannender Prozess. Er wird bestimmt von der Umgebung, von Stimmungen, von Ereignissen und Situationen, von Gefühlen zueinander und vielem mehr. Beziehungen aufzubauen erfordert ein ständiges Geben und Nehmen von Zuneigungen und Zuwendungen, eröffnet neue Wege, kann ein zufriedenes Lebensgefühl vermitteln, kann Mut machen, birgt aber auch eine Menge an Gefahren und Risiken in sich und trägt an jede Person stets neue Herausforderungen heran. Um sich an Beziehungen wirklich erfreuen zu können, Freundschaft leben zu können, ist es wichtig, den anderen als eigenständige Person wahrzunehmen, sich in ihn hineinversetzen zu können. Wer seinen Mitmenschen mit allen Sinnen erlebt, kann ihn besser verstehen, ist besser imstande auf ihn Rücksicht zu nehmen, ist schneller bereit ihn zu akzeptieren. Die Sinne der Kinder durch Lieder, Geschichten und Wahrnehmungsspiele mehr für den Anderen zu sensibilisieren, ist Ziel dieses Kapitels.

Plapperschnuten

1. Wenn mor-gens früh die Son-ne lacht, ist Plap-per-schnut' schon auf-ge-wacht. Sie plap-pert hier und plap-pert dort, kein and'-rer kommt bei ihr zu Wort.

Refrain

Plap-per-schnu-ten, Plap-per-schnu-ten ste-hen nie-mals still, weil ei-ne klei-ne Plap-per-schnu-te im-mer plap-pern will.

2. Mittags hat sie auch vergessen,
   ihren Teller leer zu essen.
   Ja, Plapperschnut' kommt nie zur Ruh,
   macht ihren Mund nur auf und zu.
Refrain

3. Nein, Plapperschnut' hört niemals zu
   und kommt am Tage nie zur Ruh.
   Nur nachts, wenn alle schlafen gehn,
   muss Plapperschnute ganz still stehn.
Refrain

Motivation

♦ andere Menschen ausreden lassen
♦ zuhören können
♦ Rücksicht nehmen können

Auswertung

♦ Einführung einer Sprechmaus – Der/die Erzieher/in bastelt vor den Augen der Kinder aus drei Steinen (einem großen und zwei kleinen) und einem Stück Kordel mit Hilfe einer Heißklebepistole eine Maus.
♦ In einem Gespräch über den Inhalt des Liedes übernimmt die Maus die Gesprächssteuerung, indem nur dasjenige Kind reden darf, welches die Maus in seiner Hand hält. Diese Sprechmaus kann auch bei weiteren Angeboten die Gesprächsführung übernehmen.

Psst, ... sei still!

Bernd ist seit einigen Tagen verzweifelt. Er weiß gar nicht, warum seine Eltern so merkwürdig sind. Sie haben kaum noch Zeit für ihn. Sie schicken ihn allein zum Spielen ins Kinderzimmer und lesen ihm keine Gute-Nacht-Geschichte vor. Sie kümmern sich nur noch um Linda, die mit hochrotem Kopf im Bett liegt. Linda isst nicht und weint den ganzen Tag. Die Eltern sitzen immer bei Linda am Bett und streicheln sie. Als Bernd zu ihnen kommt, weil er nicht schlafen kann, sagen sie: „Psst, ... sei still, Linda schläft! Sie braucht jetzt ganz viel Ruhe." Bernd geht in sein Zimmer zurück, setzt sich auf sein Bett und ist sehr traurig. Weinend flüstert er leise vor sich hin: „Mama und Papa haben mich nicht mehr lieb, sie mögen nur noch Linda." Je mehr Bernd darüber nachdenkt, desto wütender wird er, und sein leises Weinen wird nun zu einem lauten Gebrüll. Da geht die Tür auf und der Vater betritt das Zimmer. „Psst, ... sei still und spiel mit deiner Eisenbahn!", schimpft er mit leiser Stimme. Doch Bernd will nicht und schreit noch lauter. Da sieht er, wie seine Mama aus Lindas Zimmer kommt und ganz rote Augen hat. Sein Vater geht aufgeregt zum Telefon. Bernd ist verwirrt. Er läuft in die Küche. Dort sitzt seine Mutter am Tisch und weint. Bernd schleicht sich heran und streichelt über ihren Kopf. Sie nimmt Bernd in ihren Arm und drückt ihn fest an sich. Viele Tränen laufen über ihr Gesicht. „Was hast du, Mama?", fragt Bernd. Leise sagt die Mama: „Linda ist sehr krank."

Jetzt weiß er, warum seine Eltern so wenig Zeit für ihn hatten. Sie mussten sich um die kranke Linda kümmern. Bernd ärgert sich nun darüber, dass er eben so wütend war und ganz laut geschrien hat. Er denkt an seine kleine Schwester und will, dass sie schnell wieder gesund wird.

Plötzlich klingelt es, und zwei Männer kommen mit einer Trage herein. Linda wird in einen Krankenwagen getragen. Mit lautem „Tatütata" fährt er fort. Der Vater und die Mutter ziehen ihre Mäntel an und fahren auch ins Krankenhaus. Bernd geht zu seiner Oma, die direkt nebenan wohnt. Dort sitzt er am Fenster und wartet auf seine Eltern. Die Zeit will nicht vergehen. Bernd denkt nur an Linda. Nach vielen Stunden kommen die Eltern zurück. Die Mutter nimmt Bernd auf den Arm, lächelt und sagt: „Linda wird bald wieder gesund." Bernd ist froh. In dieser Nacht kann er gut schlafen. Am nächsten Morgen fahren Bernd, seine Eltern und die Oma zu Linda ins Krankenhaus. Auch an vielen anderen Tagen besuchen sie Linda. Dann aber ist es endlich soweit. Linda ist gesund und kommt wieder zurück nach Haus. Zur Begrüßung hat Bernd ein großes Schild gemalt, auf dem kann man lesen: Willkommen zu Hause, Linda!

Motivation
♦ sich selbst zurücknehmen können
♦ Rücksicht nehmen

Auswertung
♦ Gespräch: Wie fühlt man sich, wenn man krank ist?
♦ Exkursion in ein Krankenhaus mit einer Kindergruppe

In sich hineinlauschen

Vorbereitung: In einem erwärmten Raum liegen Turnunterlagen für jedes Kind bereit. Die Matten sind in Kreisform angeordnet. In der Mitte des Kreises steht eine Kerze. Die Übungen werden von leiser Musik untermalt. Die Kinder sollten mit Gymnastikbekleidung und barfuß die einzelnen Übungen durchführen. Bei den Übungen können sie, zur Förderung der eigenen Konzentration, die Augen schließen. An jede Übung schließt sich eine kleine Pause an.

Einstimmung

Der Luftballon

Jedes Kind liegt entspannt und locker auf der Matte. Die Beine sind angewinkelt, die Füße haben festen Kontakt mit dem Boden, die Arme liegen locker neben dem Körper. Jeder atmet tief durch die Nase ein und füllt seinen Bauch mit Luft. Der Bauch wölbt sich, er wird rund wie ein Ballon. Die Luft wird langsam wieder abgegeben, indem durch die Nase ausgeatmet wird. Der Bauch wird wieder flach.
(Übungshäufigkeit: fünfmal)

Die Kerze

Jedes Kind legt sich flach auf die Matte. Langsam werden die Beine möglichst senkrecht und kerzengerade in die Luft geführt. Das Kinn liegt dabei auf der Brust. Der Körper wird gestützt, indem die Hände in die Hüften gelegt und die Ellenbogen auf den Boden gesetzt werden. Alle atmen tief ein, fühlen, wie sich der Bauch mit Luft füllt und atmen wieder aus.
(Übungshäufigkeit: dreimal)

Themenbezogene Yogaübungen

Hinweis: Zwischen den Übungen sollte die Luftballonübung zur Entspannung durchgeführt werden.

Krokodil

Jedes Kind legt sich flach auf den Bauch. Die Arme werden angewinkelt und die Hände rechts und links in Schulterhöhe auf den Boden gestellt. Ganz langsam werden nun der Oberkörper und der Kopf gehoben, bis die Arme gestreckt sind. Der Unterkörper und die Beine bleiben fest auf dem Boden. Der Rücken hängt durch, der Kopf liegt im Nacken. Beim Einatmen wird der Mund weit geöffnet und beim Ausatmen wieder geschlossen. *(Übungshäufigkeit: drei- bis fünfmal)*

Frosch

Jedes Kind sitzt in der Hocke auf seinen Fersen. Dabei wird mit den Zehen die Balance gehalten. Die Handflächen liegen, weit nach hinten geschoben, zwischen den Knien flach auf dem Boden. Nun hüpft jedes Kind durch den Raum, quakt und hüpft zurück auf die Matte. *(Übungshäufigkeit: fünfmal)*

Fisch

Jedes Kind liegt flach auf dem Rücken. Es legt seine Hände unter das Gesäß, um den Rücken wie eine Brücke zu heben (Der Fisch schwimmt). Jedes Kind atmet dreimal ein und aus.

Motivation	Buchtip
♦ Förderung des Anweisungsver- ständnisses ♦ Rücksicht nehmen ♦ Sensibilität entwickeln	Ursula Rücker-Vogler: Yoga und autogenes Training mit Kindern, Don Bosco Verlag, München 1995[4].

Aufgepasst!

Der Roboter

Ein Kind spielt den Roboter, der von einem anderen Kind geführt wird. Die Bewegungsrichtung wird durch Berührung festgelegt.

Kopf	geradeaus
linker Arm	links herum
rechter Arm	rechts herum gehen
Rücken	stehen bleiben

Das Rollband

Zwei Kinder legen sich dicht nebeneinander auf den Boden. Ein Kind ist der Rollbandführer. Es rollt entweder nach rechts oder nach links. Das andere Kind muss die Rollrichtung erspüren und dicht an dem Rollbandführer bleiben.

Unsichtbare Wände

Mit mehreren Seilen wird ein großer Kreis gelegt. In diesem Kreis bewegen sich die Kinder auf verschiedene Weisen (schnell, langsam, trippelnd, mit ausgebreiteten Armen). Sie dürfen dabei weder sich gegenseitig noch die unsichtbaren Wände berühren.

Der Kreisel

Mit einem oder mehreren Seilen wird ein Kreis gelegt. Die Kinder laufen hintereinander im Kreis, ohne den Vordermann zu berühren. Auf ein Signal hin (Pfeife, Tamburin) bleiben sie stehen. Auch dabei sollen sie kein anderes Kind berühren.

Der Zeichner

Zwei Kinder sitzen sich gegenüber. Der Maler malt seinem Spielpartner mit dem Finger ein Bild, einen Gegenstand, eine Zahl usw. auf den Rücken. Dieses Zeichen/Bild muss das mitspielende Kind erfühlen und benennen.

Das Spiegelbild

Zwei Kinder bilden eine Spielgruppe. Ein Kind ist der Spiegel, das andere das Spiegelbild, d.h. ein Kind nimmt eine bestimmte Körperhaltung ein, die das andere Kind möglichst genau nachahmen muss.

Variation: Dem Nachahmenden werden dabei die Augen verbunden, so dass er durch genaues Ertasten die Körperhaltung erfühlen und dann nachahmen muss.

Stumme Botschaften

Die Kinder stehen im Kreis und halten sich an den Händen fest. Ein Kind schickt die stumme Botschaft auf die Reise, indem es einem anderen die Hand drückt und sagt: „Angefangen!" Der Empfänger/die Empfängerin drückt seinem Nachbarn die Hand usw. Ist die Botschaft beim ersten Kind wieder angekommen, verkündet es: „Angekommen!"

Variation: Die Kinder sitzen mit geschlossenen Augen im Kreis. Ein Kind (Spielführer) legt die Hand auf den Oberschenkel des Nachbarn und sagt: „Angefangen!" Spürt das andere Kind die Berührung, legt es die Hand auf den Oberschenkel des Nachbarn usw.

Die Mumie

Alle Kinder sitzen im Kreis. In der Mitte liegt ein großes, weißes Betttuch. Jedes Kind schaut sich genau die anderen im Kreis an und schließt dann die Augen. Der/die Erzieher/in berührt ein Kind. Dieses steht auf und kriecht unter das weiße Tuch. Die anderen Kinder öffnen die Augen und erraten, wer im Kreis fehlt und unter dem Tuch liegt.

Variation: Ein Kind schaut sich die anderen im Kreis genau an. Nachdem es den Raum verlassen hat, kriecht eines der anderen Kinder unter das Betttuch. Das erste Kind kommt zurück und versucht durch Tasten herauszufinden, wer unter dem Tuch liegt.

Motivation
♦ Sensibilität entwickeln für Körpersprache
♦ Rücksicht nehmen auf den Spielpartner
♦ Körperkontakt zulassen

Zauberworte

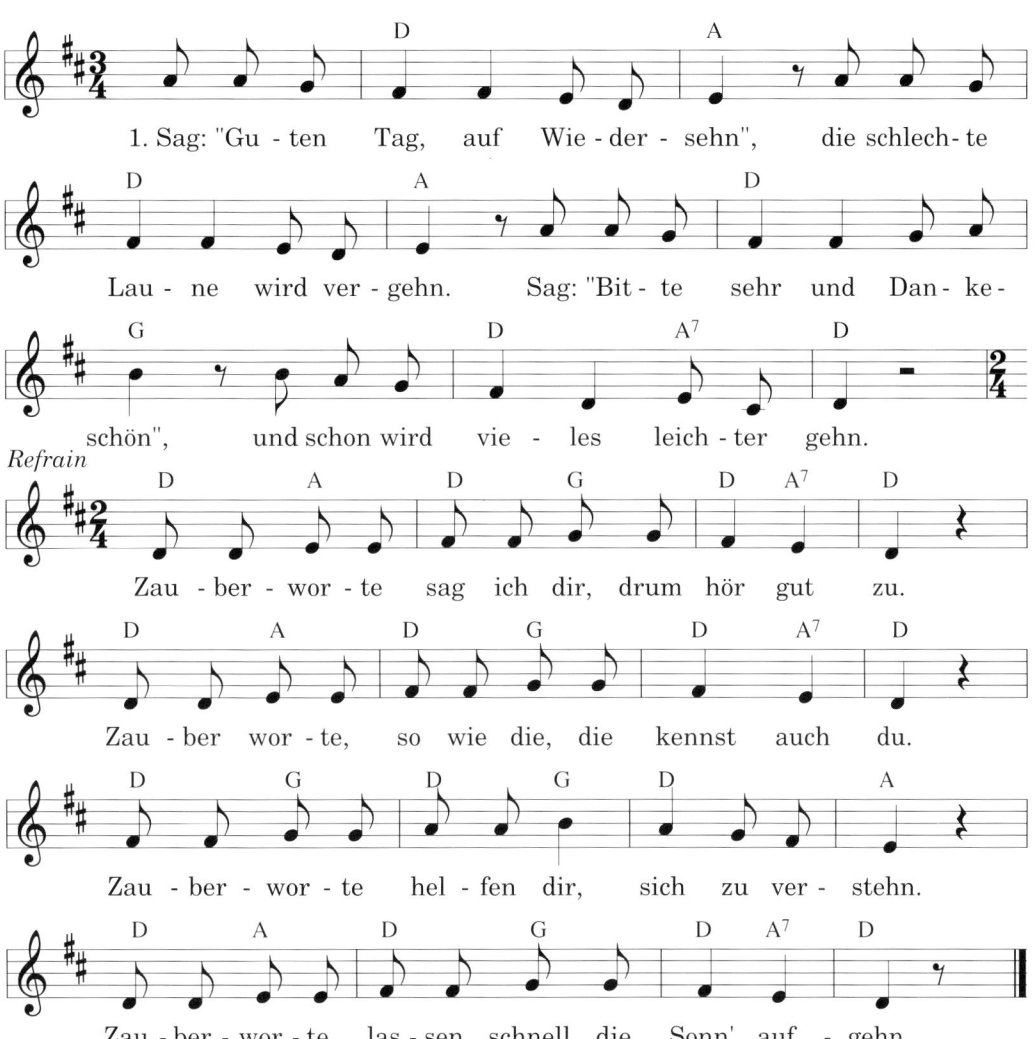

1. Sag: "Gu - ten Tag, auf Wie - der - sehn", die schlech - te
Lau - ne wird ver - gehn. Sag: "Bit - te sehr und Dan - ke -
schön", und schon wird vie - les leich - ter gehn.

Refrain
Zau - ber - wor - te sag ich dir, drum hör gut zu.
Zau - ber - wor - te, so wie die, die kennst auch du.
Zau - ber - wor - te hel - fen dir, sich zu ver - stehn.
Zau - ber - wor - te las - sen schnell die Sonn' auf - gehn.

2. „Entschuldigung, es tut mir leid!",
das beendet jeden Streit.
Zur rechten Zeit, am rechten Ort
hilft ein kleines Zauberwort.

Motivation
◆ den anderen achten
◆ Entlastungsfunktion von Regeln des Miteinanders kennenlernen

Auswertung
◆ Die Kinder denken sich kleine Spielszenen aus, in denen Zauberworte besonders wirksam werden.

Ich, du, wir
Turnspiele zu zweit

Materialien: je 6 Bälle, Handtücher (Gästehandtücher), Seilchen, Bambusstäbe und Augenbinden, Hindernisse (Kästen, Leitern, Bänke, Matten, Reifen), Kassettenrekorder und Musik

Pferd und Reiter

Zwei Kinder bekommen ein Seil. Einem Kind wird das Seil um den Bauch gelegt (Pferd). Das zweite Kind stellt sich dahinter und hält die beiden Seilenden fest. Schlägt der Reiter leicht das Seil an, läuft das Pferde geradeaus, zieht der Reiter das Seil leicht an, bleibt das Pferde stehen, zieht er am rechten Seilende, geht das Pferd rechts, zieht er am linken Seilende geht das Pferd links. Nach einem Signalton (Pfeife) wird getauscht.

Der Blindenhund

Einem Kind werden die Augen verbunden. Es wird von einem anderen Kind (Blindenhund) durch den mit Hindernissen versehenen Raum geführt (z.B. Kästen oder Bänke, eine liegende Leiter, Reifen). Wenn die beiden an einem vereinbarten Ziel angekommen sind, wird gewechselt.

Der tanzende Ball

Zwei Kinder halten ein Handtuch, auf das ein Ball oder ein Luftballon gelegt wird. Nach dem Rhythmus der Musik schleudern sie den Ball mit dem Handtuch hoch und fangen ihn wieder auf. Wird die Musik ausgestellt, muss der Ball still auf dem Handtuch liegen.

Der tanzende Stab

Zwei Kinder bekommen einen Bambusstab. Sie halten ihn mit einem Finger an den Enden durch Gegendrücken fest. Nun bewegen sie sich gemeinsam nach Musik durch den Raum und versuchen, den Bambusstab nicht zu verlieren. Wird die Musik ausgeblendet, bleiben sie stehen.

Turnspiele zu dritt

Materialien: Vier Bälle, je drei unterschiedliche Farbbänder, vier Decken, vier Luftballons, mehrere Gymnastikstäbe, Kegel oder Dosen, 12 Stühle oder Hocker, Pfeife, Musik und Kassettenrekorder, mehrere Seile

Autorennen

Je drei Kinder bekommen ein gleichfarbiges Band, das sie sich um den Arm binden. Pro Kindergruppe werden je drei Stühle hintereinander im Raum aufgestellt. Diese Stuhlreihen (Autos) werden ebenfalls mit Farbbändern entsprechend der Kindergruppen versehen. Die Kinder bewegen sich frei im Raum. Auf ein Signal hin (Pfeife) laufen die Kinder in ihre farblich gekennzeichneten Autos. Sind alle drei Kinder da, so können sie den „Motor anlassen". Erfolgt das Signal erneut, laufen sie wieder durch den Raum.

1, 2, 3, wer hat den Ball?

Drei Kinder stellen sich im Dreieck auf. Jedes Kind hat eine Nummer. Nun ruft das erste Kind die Nummer eines Mitspielers auf und wirft ihm den Ball zu. Der Fänger ruft wieder eine Nummer und wirft den Ball zu usw. Das Spiel sollte schnell sein, der Ball darf nicht auf die Erde fallen.

Dreierlauf

Drei Kindern werden die Beine aneinander gebunden. Sie stehen gemeinsam auf einer Decke. Bei Musik bewegen sie sich vorsichtig durch den Raum. Wird die Musik ausgestellt, müssen sie versuchen so schnell es geht zu ihrer Decke zurückzugelangen.

Wettpusten und -reiten

Die Kinder werden in Gruppen zu je drei Kindern aufgestellt. Jede Gruppe bekommt einen Luftballon. Für jede Gruppe wird eine Seilstraße aufgebaut. Am Ziel liegt jeweils ein Gymnastikstab. Die Kinder müssen versuchen, zu dritt ihren Luftballon durch die Seilstraße zu pusten. Am Ziel angekommen, lassen sie den Luftballon liegen und laufen zu dritt mit dem zwischen die Beine geklemmten Stab zurück zum Start.

Spiele für Gruppen

Materialien: eine Pfeife, ein langes Seil, 20 Bälle, eine Bank, ein Betttuch oder Schwungtuch, 12 Luftballons, Musik und Kassettenrekorder

Der Schlangenkopf

Die Kinder bilden eine Schlange. Ein Kind ist der Schlangenkopf und führt die anderen kreuz und quer durch den Raum. Auf ein Zeichen (Pfeife) hin läuft das letzte Kind an den Kopf und führt die Schlange an usw.
Variation: Hindernisse werden aufgebaut, die die Schlange überwinden muss.

Fallobst im Garten

Die Kinder werden in zwei Gruppen aufgeteilt. Eine in die Raummitte gestellte Bank trennt die beiden Gruppen voneinander. Auf jede Seite werden nun ca. 10 Bälle gelegt (Fallobst). Auf ein Zeichen (Pfeife) versuchen die Gruppen, ihr Fallobst los zu werden, indem sie es in den anderen Garten werfen. Auf ein erneutes Zeichen hören alle auf und die Äpfel in den beiden Gärten werden gezählt. Wer hat noch die wenigsten Äpfel?

Der Zauberkreis

Mehrere Seilchen werden zu einem langen Seil zusammengebunden, die Enden werden miteinander verknotet. Das Seil wird kreisförmig in den Raum gelegt, die Kinder stellen sich außen herum auf, nehmen das Seil auf und halten sich daran fest. Bei Musik bewegen sie sich drehend im Kreis (schnell, langsam, kriechend, laufend, hüpfend, vorwärts, rückwärts) Wird die Musik abgestellt, bleiben die Kinder still stehen.

Die große Welle

Die Kinder halten gemeinsam ein großes Betttuch (Schwungtuch) fest. Jedes Kind legt einen Luftballon auf das Tuch. Nun wird versucht die Luftballons durch rhythmische Bewegungen zum Tanzen zu bringen. Dabei sollen möglichst viele Luftballons auf dem Tuch bleiben. Musik begleitet dieses Spiel. Wird die Musik abgestellt, wird das Tuch stramm gezogen, und die Luftballons liegen still.

Motivation
♦ gemeinsam zum Gelingen beitragen
♦ die eigenen Fähigkeiten im Zusammenspiel mit anderen erproben
♦ sich gegenseitig helfen
♦ Verantwortung übernehmen
♦ sich bestimmten Situationen anpassen können

Familie
Mensch

Jeder hat täglich viele Möglichkeiten seinen Umgang mit anderen zu überprüfen und neu zu überdenken. Dennoch entwickelt jeder Mensch im Laufe seines Lebens feste Umgangsformen und Rituale, die seinem Leben Sicherheit geben, die ihn entlasten und stützen. Andererseits ist die Gefahr groß, sich in Vorurteilen zu verlieren und Vorurteile zu festigen, die kaum jemals richtig hinterfragt werden. Vorurteile, die auch bei Kindern schon vorhanden sein können, verhindern den Aufbau von freundschaftlichen Beziehungen. Um Vorurteilen entgegentreten zu können, müssen Kinder sich mit den Folgen und Auswirkungen solcher Vorurteile auseinandersetzen. Rollenspiele, Verse und Geschichten sollen den Kindern helfen, Vorurteile zu erkennen, zu überdenken und abzubauen, um offen und neugierig Beziehungen knüpfen zu können.

Karla Krause

Karla Krause, die ist blöd,
die ist zickig, die ist öd.
Die ist dumm und ganz schön doof,
so steht's bei uns im Hinterhof.

Karla Krause, die ist frech,
vor ihr laufen alle weg.
Die ist dumm und ganz schön doof,
so steht's bei uns im Hinterhof.

Karla Krause sitzt ganz stumm
und traurig auf dem Spielplatz 'rum.
Sie ist dumm und ganz schön doof,
so steht's bei uns im Hinterhof.

Auch der Dieter, der sitzt stumm
wie Karla auf dem Spielplatz 'rum.
Ist Karla dumm und ganz schön doof,
wie's bei uns steht im Hinterhof?

Der Dieter schaut die Karla an,
sie fängt leicht zu lächeln an.
Dieter spürt, sie ist nicht doof,
wie's bei uns steht im Hinterhof.

Familie Mensch

Langsam traut sich Dieter dann,
rückt näher an die Karla 'ran.
Karla ist bestimmt nicht doof,
wie's bei uns steht im Hinterhof.

Sie reden, lachen, hören zu,
ja, Karla ist genau wie du!
Karla Krause ist *nicht* doof,
so steht's nun bei uns im Hinterhof.

Motivation
♦ Vorurteile hinterfragen
♦ offen auf andere zugehen
♦ Vorurteile abbauen helfen

Auswertung:
♦ Pantomimisches Darstellungsspiel
   zu der Reimgeschichte

Kater Lümmel

Dieses musikalische Darstellungsspiel kann mit einer Kindergruppe in Form eines längeren Projekts vorbereitet, eingeübt und auf einem Fest als Kindermusical aufgeführt werden. Bei den Vorbereitungen können Eltern helfen, indem sie die Kostüme herstellen oder Textteile (z. B. Erzählertext) vortragen. Damit das Erlernen der Lieder vereinfacht wird, sind die Melodien alten, bekannten Liedern entnommen.

Vorbereitung für das Bühnenstück

Das Bühnenbild, eine Stadt mit Hochhäusern, wird auf Betttücher gemalt. Alte Mülltonnen, Pappkartons, eine Stehlampe, die zu einer Laterne umfunktioniert wird, alte Hocker (zum Klettern) kennzeichnen den Hinterhof, auf dem sich das Stück abspielt. Den Himmel schmückt eine Lichterkette, und eine große Taschenlampe symbolisiert den Mond. Mehrere kleine Taschenlampen werden benötigt. Die Regieanweisungen finden sich jeweils an entsprechender Textstelle kursiv gedruckt.

Erzähler:
Jede Nacht, wenn die Kirchturmuhr zwölfmal schlägt, findet auf einem verwahrlosten Hinterhof einer großen Stadt, zwischen Mülltonnen und Pappkartons, das Katzentreffen statt. Graue, weiße, schwarze, alte und junge Katzen treffen sich hier, um miteinander zu spielen, zu plaudern, zu schmusen oder zu klettern.
(Zahlreiche Katzen betreten die Bühne und spielen, plaudern und lachen miteinander.)

Lied der Katzen
(Melodie: Zeigt her eure Füße)

Zeigt her eure Schwänze
und gebt einmal acht,
was so ein Katzenvolk
zusammen alles macht.

Sie streicheln, sie streicheln,
sie streicheln sich das Fell.
Sie streicheln, sie streicheln,
sie streicheln sich das Fell.

Familie Mensch

… sie klettern, sie klettern, … sie fangen, sie fangen,
sie klettern auf und ab. sie fangen einen Ball.

Erzähler:
Manchmal jedoch sitzen sie zusammen und reden über den gefürchteten Kater Lümmel.
Bisher hat ihn noch keiner gesehen, doch er soll böse Streiche spielen, mit seinen Krallen
kratzen, mit anderen Katzen kämpfen und dabei mit seinem kräftigen Schwanz um sich
schlagen. Alle Katzen haben deshalb Angst vor ihm. Er soll in irgendeinem Hochhaus
wohnen, doch niemand weiß genau wo.
(Katzen tuscheln miteinander, blicken sich ängstlich um, stecken die Köpfe zusammen.)

Warnlied der Katzen
(Melodie: Wer will fleißige Handwerker sehn)

Willst du Kater Lümmel sehn, Willst du Kater Lümmel sehn,
musst du auf die Suche gehn. musst du in ein Hochhaus gehn.
Gib schön acht, gib schön acht, Sei ganz still, sei ganz still,
was Lümmel heute Nacht so macht. weil Lümmel dich sonst kratzen will.

Erzähler:
Plötzlich hören sie ein lautes Kratzen. Ängstlich huschen alle Katzen auseinander und verstecken sich. Von ihrem sicheren Platz aus halten sie in alle Richtungen Ausschau. Leise
schleichend kommt hinter einem Berg Pappkartons der gefürchtete Kater Lümmel hervor. Stolz und auf leichten, leisen Pfoten geht er über den Hinterhof. Er setzt sich auf einen alten Karton, putzt seinen Bart, sein samtweiches, schwarzes Fell und bewegt stolz
seinen kräftigen Schwanz. Die anderen Katzen beobachten aus ihrem sicheren Versteck
alles ganz genau. Kater Lümmel schnurrt und knurrt und reckt und streckt sich. Er fühlt
sich wohl, denn er ist hier in der Stadt sehr gefürchtet und darauf ist er stolz.

Lied von Kater Lümmel
(Melodie: Ich bin ein dicker Tanzbär)

Ich bin ein frecher Kater
und schleiche hin und her.
Ich habe scharfe Krallen
und kämpfe wie ein Bär.
Ich bin allen hier im Land,

als böser Kater gut bekannt,
Kämpfe, kratze, beiße
miau, miau, mio.
Kämpfe, kratze, beiße,
miau, miau, mio.

Erzähler:
Stolz bäumt sich Kater Lümmel auf, dreht sich im Kreis, macht einen Katzenbuckel und schleicht auf leisen Pfoten wieder davon.
Erst als es wieder still ist, trauen sich die Katzen hervor. Sie zittern vor Angst und schauen zur Sicherheit noch einmal überall nach. Doch die Gefahr ist vorbei, und erleichtert tanzen sie einen friedlichen Katzentanz.

Bewegungslied
(Melodie: Zeigt her eure Füße)

Zeigt her eure Pfoten,
zeigt her euren Schwanz,
und macht alle mit
beim frohen Katzentanz.
Wir dreh'n uns, wir dreh'n uns,
wir drehen uns herum
und fallen und fallen

und fallen gar nicht um.
Zeigt her eure Pfoten …
Wir schleichen, wir schleichen
nach vorn und auch zurück,
wir schleichen, wir schleichen
ganz leise Stück für Stück.

Erzähler:
Alle Katzen sind nun müde, gähnen, suchen ihre Schlafplätze auf und schlafen ein.
Eines Nachts, als der Mond hell und rund am Himmel steht und die Katzen wieder friedlich miteinander spielen, sich streicheln, sich gegenseitig ihr Fell säubern und vergnügt klettern, hören sie ein lautes, klapperndes Geräusch.

Familie Mensch

(Die Katzen bewegen sich wie vom Erzähler berichetet. Das klappernde Geräusch kann z. B. mit Blechdosen erzeugt werden)
Aufgeregt springen sie auseinander und huschen in ihr Versteck. Da sehen sie, wie Kater Lümmel angeschlichen kommt. Langsam und träge geht er vorwärts. Sein Kopf ist gebeugt und sein sonst so aufrechter Schwanz schleift über den Boden. Mutlos und traurig sitzt er auf dem Hof und miaut jämmerlich vor sich hin.

Der Kater singt ein Lied
(Melodie: Hopp, hopp, hopp, Pferdchen lauf Galopp)

> Miau, miau, mio,
> ich bin gar nicht mehr froh.
> Schleich ganz traurig durch das Land,
> bin überall als bös bekannt.
> Miau, miau, mio,
> ich bin gar nicht mehr froh.

Miau, miau, mia,
ich sitz alleine da.
Keine Katze auf der Welt
mich leiden mag und zu mir hält.
Miau, miau, mia,
ich sitz alleine da.

Miau, miau, miein,
so soll es nicht mehr sein.
Ich will ab heute freundlich werden,
der liebste Kater hier auf Erden.
Miau, miau, miein,
will so ab heute sein.

Erzähler:
Als die Katzen das hören, kommen sie aus ihren Verstecken. Ganz vorsichtig berühren sie den gefürchteten Kater Lümmel. Sie streicheln sein Fell, seinen Schwanz, seinen Rücken. Lümmel sitzt still und lächelt die Katzen an. Endlich hat er eingesehen, dass er nie Freunde findet, wenn er immer böse ist. Freundschaftlich reicht er allen die Pfote. Vor Freude miauen alle so laut, dass in den Häusern ringsum die Lichter angehen.
(Hinter dem Vorhang leuchten Taschenlampen auf.)

Die Katzen singen und tanzen

(Melodie: Brüderchen, komm tanz mit mir)

Liebe Katze tanz mit mir,
meine Pfote reich ich dir.
Einmal hin, einmal her,
rundherum, das ist nicht schwer.

Mit den Schwänzen rundherum,
ja, wir Katzen sind nicht dumm.
Einmal hin, einmal her,
rundherum, das ist nicht schwer.

Leise schleichen wir dann fort,
suchen hier und da und dort.
Einmal hin, einmal her,
rundherum, das ist nicht schwer.

Wenn der Mond am Himmel steht,
jede Katze tanzen geht.
Einmal hin, einmal her,
rundherum, das ist nicht schwer.

Erzähler:
Nach dieser nächtlichen Ruhestörung werden die Katzen von Menschen verjagt.
(Hinter dem Vorhang ertönt ein lautes Schsch.)
Alle laufen in ein großes Versteck und kuscheln sich eng aneinander. Leise hört man die
Katzen knurren, schnurren und miauen. Kater Lümmel kuschelt sich eng an eine Katze
und auch er schnurrt zufrieden vor sich hin.

Lied von Kater Lümmel

(Melodie: Zeigt her eure Füße)

Komm her, kleine Katze,
und kuschel dich hier ein,
du sollst bei mir bleiben,
dann bin ich nicht allein.

Wir kuscheln, wir kuscheln,
wir kuscheln die ganze Nacht,
will nie wieder streiten,
nur tun, was Freude macht.

Erzähler:
Lümmel ist nun glücklich und zufrieden. Nie wieder will er so ein Katzenschreck sein wie
früher. Die Lichter in den Häusern gehen aus, alle Katzen legen sich schlafen und Ruhe

Familie Mensch

kehrt ein auf dem Hinterhof. Mond und Sterne stehen am Himmel. Nur in einem Zimmer brennt noch Licht. Aus ihm erklingt eine leise, liebliche Melodie.
(Eine Taschenlampe erstrahlt hinter dem Vorhang und es ertönt eine ruhige zarte Melodie)
Sie bringt allen Katzen einen schönen Traum.

Motivation
♦ Gemeinsam ein Vorhaben durchführen, daran arbeiten
♦ sich gegenseitig bei der Durchführung helfen
♦ Vorurteile abbauen

Gute Tage, schlechte Tage

1. Manchmal kannst du gar nicht lachen,
   kannst auch keine Späße machen.
   Du hast Wut und könntest schrein,
   willst dann richtig zornig sein.

Kehrvers
   Gute Tage, schlechte Tage,
   die gibt es bei dir.
   Gute Seiten, schlechte Seiten,
   gehören auch zu mir.

2. Manchmal möchtest du gern singen
   und vor Glück dann ganz hoch springen.
   Du bist frei und könntest schrein
   willst dann richtig albern sein.
   Kehrvers

3. Manchmal könnt ich mich verkriechen,
   möcht von dieser Welt nichts riechen.
   Ich fühl mich einsam, könnte schrein,
   will dann richtig traurig sein.
   Kehrvers

4. Manchmal könnt ich dich umschlingen,
   möchte dir viel Nähe bringen.
   Ich fühl mich glücklich, könnte lachen
   mit dir verrückte Sachen machen.
   Kehrvers

Menschen

Vorbereitungen: In einem erwärmten, leicht verdunkelten Raum werden 6 bis 8 Decken kreisförmig angeordnet. Auf diese wird jeweils ein kleines Kissen gelegt. In der Kreismitte steht eine Kerze oder eine Duftschale. Das Material für die Meditation liegt, von einem Tuch abgedeckt, am Kreisrand.

Materialien:
♦ Bilder mit Menschen aus Zeitschriften oder Kalendern (junge, alte, arbeitende Menschen, Menschen aus anderen Ländern, spielende, helfende Menschen; Menschen, die Ruhe ausstrahlen usw.)
♦ Reifen
♦ Globus
♦ Abdecktuch (Betttuch)
♦ einige Instrumente
♦ Geschichte: Goran (S. 67)
♦ Kassettenrekorder (mit meditativer Musik)
♦ Notizblätter
♦ für jedes Kind ein Teelicht
♦ Sprechmuschel oder Sprechstein (Wenn ein Kind den anderen etwas mitteilen will, so nimmt es die Sprechmuschel oder den Stein, erzählt oder berichtet und legt sie/ihn anschließend wieder in die Kreismitte zurück)
♦ Feder

Meditation

Die Kinder sitzen auf der Decke und bilden mit den Händen eine Schale. Der/die Erzieher/in legt ihnen mit der Feder einen „Traum" in diese Schale (sanft mit der Feder über die Handinnenflächen streichen).

Familie Mensch

Die Kinder legen sich bequem auf die Decke, schließen die Augen und lauschen einer entspannenden Musik. In der Zwischenzeit wird eines der o. g. Bilder in die Kreismitte gelegt und mit den Notizblättern abgedeckt.
Nach einer kurzen Ruhephase wird die Musik langsam ausgeblendet. Die Kinder bleiben noch eine kurze Zeit liegen, um die Stille zu erleben.

Danach wird jedes Kind wieder mit der Feder aus seinem Traum geholt (sanft mit der Feder über den Handrücken streichen). Sie bewegen die einzelnen Körperteile, recken und strecken sich, gähnen und stellen sich einen Augenblick hin.

Die Kinder können, wenn sie wollen, mit Hilfe der Sprechmuschel ihren Traum erzählen. Der/die Erzieher/in bittet die Kinder, den Inhalt seines/ihres Traumes zu erraten. Als Hilfestellung werden die auf dem Bild liegenden Notizblätter nacheinander entfernt. Die Kinder schauen sich das freigelegte Bild an. Das anschließende Gespräch hat das Thema Menschen zum Inhalt. Danach werden die anderen Bilder zur Betrachtung in die Mitte gelegt.

Der Globus wird in die Kreismitte gestellt. Es folgt ein Gespräch über Menschen in anderen Ländern. Die Kinder können von eigenen Begegnungen mit anderen Menschen, von Reisen in andere Länder berichten. Es kann sowohl von negativen als auch von positiven Erlebnissen erzählt werden.

Die Kinder hören eine Erzählung, dazu setzen oder legen sie sich bequem hin und hören zu.

Goran

Goran ist 5 Jahre alt und kommt aus dem ehemaligen Jugoslawien. Er lebt mit seinen Eltern und seiner älteren Schwester seit zwei Jahren hier in Deutschland. In Jugoslawien war Krieg und seine ganze Familie ist über Nacht aus Angst geflüchtet. Sie haben alles in ihrer Heimat gelassen, das Haus, die Möbel, die Kleidung und Gorans Spielzeug. Nur ein Koffer mit einigen warmen Kleidungsstücken war ihr Gepäck. Zum Glück konnte Goran seinen geliebten Plüschhasen mitnehmen. Dieser ist sein einziges Erinnerungsstück von Zuhause.

Gorans Vater hat in Deutschland noch keine feste Arbeit gefunden. Ab und zu hilft er bei einem Bauern, fährt Getränke aus, bringt die Morgenzeitung herum oder mäht bei den Nachbarn den Rasen. Manchmal hat er jedoch viele Wochen lang keine Arbeit und dann geht Gorans Mutter in eine große Halle und sortiert dort Müll. Die Familie ist arm, aber trotzdem glücklich, denn sie sind zusammen und gesund.

Goran geht seit einigen Wochen in den Kindergarten. Er kennt erst wenige deutsche Wörter. Deshalb hat er auch noch keine Freunde. Oft schaut er den Kindern beim Spielen zu und wenn sie Spaß haben, lacht er auch. Gorans Schwester heißt Mira und geht in die erste Klasse.

Sie spricht schon besser Deutsch und hat auch schon eine Freundin, die Marie heißt. Manchmal kommt Marie zu Gorans Familie nach Hause. Sie bringt ihre Puppen mit und alle spielen miteinander. Mira hat keine Puppe und deshalb darf sie manchmal eine von Marie über Nacht behalten. Mira ist dann überglücklich und nimmt sie mit in ihr Bett. Goran kuschelt mit dem Plüschhasen und Mira hat die Puppe im Arm. Manchmal holt der Vater Goran vom Kindergarten ab. Sie bummeln noch durch die Stadt und vor vielen Schaufenster bleibt Goran stehen. Er schaut sich am liebsten die vielen Spielsachen an. Wenn sein Vater merkt, dass er traurig ist, streicht er über Gorans Haar und die beiden gehen Hand in Hand nach Hause.

Die Kindern äußern ihre Gedanken zu der Geschichte.

Der/die Erzieher/in zündet die Teelichte an, und die Kinder stellen zu jedem Bild eine der Kerzen. In einer stillen Phase wird noch einmal über das vorangegangene Gespräch nachgedacht.

Die Kinder pusten die Teelichte aus und verlassen leise den Raum.

Motivation
♦ Menschen anderer Nationalität begegnen
♦ Toleranz lernen
♦ sich für den anderen interessieren

(nach: Bausteine Kindergarten, Verlag Bergmoser + Höller, Heft 3, Aachen 1997)

Komm, ich helf dir

Beziehungen und Freundschaften zwischen Menschen müssen von jedem gepflegt werden. Dazu gehört: sich Zeit nehmen füreinander, Hilfe anbieten, zueinander stehen, miteinander Spaß haben, Trauer teilen, schöne Dinge erleben, gemeinsam Feste feiern. Erst ein solches harmonisches Miteinander kann dazu führen, in einer Beziehung echte Freude an Gemeinschaft zu empfinden. In diesem Kapitel sollen neben Vorschlägen für gemeinsame Aktivitäten auch Lieder und Geschichten dazu beitragen, Hilfsbereitschaft und Gemeinschaftssinn in den Kindern lebendig zu halten.

Wer braucht Hilfe?

Werner geht seit einigen Wochen in die Schule. Sein größtes Problem ist das Aufstehen. Seine Mutter muss ihn jeden Morgen dreimal wecken. Damit er den Schulbus nicht verpasst, legt sie für ihn alles zurecht: Die Kleidung liegt auf dem Stuhl, die Schuhe stehen geputzt vor dem Bett, der Schulranzen ist gepackt, das Schulbrot geschmiert und eingepackt, das Frühstücksbrot liegt auf dem Teller und der Kakao ist eingeschüttet. Werner muss sich nur noch waschen, anziehen und frühstücken. Doch obwohl seine Mutter jeden Tag alles so gut für ihn vorbereitet, ist Werner immer sehr spät dran. Darum rennt er mit dem Frühstücksbrot in der Hand aus dem Haus und stürmt zur Bushaltestelle. Abends hat seine Mutter wieder alles zurechtgelegt, und nach dem Abendbrot liest sie ihm immer eine Geschichte vor.

Eines Tages hat seine Mutter einen Unfall und bricht sich ein Bein. Jetzt muss Werner selbst an die Arbeit. Jeden Morgen muss er den Tisch decken, sein Brot schmieren und seinen Kakao zubereiten. Am ersten Morgen kommt er natürlich reichlich zu spät in die Schule … Schnell merkt Werner wie schön es war, als seine Mutter alles für ihn gemacht hat. Nun fällt ihm auch auf, dass er sich noch nie bedankt hat. Werner schämt sich ein bisschen, denn ihm wird klar, dass er viele Dinge selbst erledigen kann. Schnell läuft er zu seiner Mutter, die im Wohnzimmer auf der Couch liegt, drückt sie ganz fest, gibt ihr einen Kuss und flüstert ihr etwas ins Ohr … Seine Mutter lacht und drückt ihn fest an sich.

(nach: Bausteine Kindergarten, Verlag Bergmoser + Höller, Heft 4, Aachen 1996)

Komm, ich helf dir

Motivation:
♦ anderen Menschen freiwillig helfen
♦ nicht alles als selbstverständlich nehmen

Auswertung:
♦ Gespräch in der Gruppe: „Was hat Werner seiner Mutter ins Ohr geflüstert?" Anschließend wird das freiwillige Helfen als ein positives Zeichen des Umgangs miteinander thematisiert. Die Kinder berichten von Situationen, in denen sie ihren Eltern helfen können oder erzählen, was sie schon selbständig erledigen können.
♦ Eine selbstangefertigte Collage mit dem Titel „Kinder helfen Erwachsenen" kann das Thema noch vertiefen.

Im Tal der Finsternis

Vorbereitung

Bühnenbild: Ein Raum wird mit Kästen, Leitern und Stühlen, die mit braunen oder schwarzen Tüchern verhängt sind, in eine Tallandschaft verwandelt. Aus Kartons oder anderen Hilfsmitteln werden Häuser hergestellt, die ebenfalls in dunklen Farben gehalten sind. Die Kinder, die die Talbewohner spielen, sind in dunkle und triste Kleidung gehüllt, die Fremden tragen Kleidung in freundlichen Farben. Die Bühne ist spärlich beleuchtet.

Erzählung

(Die Spielanweisungen, die nicht durch den Text vorgegeben werden, sind kursiv dargestellt. Der Text sollte von einem „Erzähler" vorgelesen werden.)

In einem Tal zwischen hohen Bergen lebt seit vielen Jahren ein Volk, das den freundlichen Umgang miteinander verlernt hat. Gelangweilt, missmutig, ohne ein nettes Wort oder ein Lächeln verrichten sie ihre tägliche Arbeit.

(Einige Kinder fegen, harken, tragen Eimer usw. und schauen dabei sehr gelangweilt.)

Niemand kümmert sich um den anderen, tröstet ihn, wenn er traurig ist, hilft ihm, wenn er Hilfe braucht, spricht mit dem anderen oder zeigt für ihn Interesse. Die Gesichter der Bewohner sind versteinert und die Augen haben das Strahlen verloren; ihre Herzen sind kalt.

(Ein Kind sitzt weinend in einer Ecke, ein anderes schleppt schwere Eimer, andere gehen daran vorbei, ohne sie zu beachten.)

Die Menschen wirken müde und kraftlos. Nach der Arbeit geht jeder in sein Haus und schaut gelangweilt hinaus in das Tal. Nie hört man ein Lachen oder sieht fröhliche Menschen. Auch die Sonne scheint hier selten, denn große Wolken hängen fast immer über dem Tal und lassen keinen Sonnenstrahl durch. Dadurch ist hier alles grau und farblos und es ist immer kalt. So vergehen Stunden, Tage und Jahre.

Hinter dem Tal leben fröhliche Menschen, deren Augen strahlen wie das helle Licht der Sonne. Sie haben von dem Elend der Menschen in dem Tal der Finsternis gehört. Oft sit-

zen sie zusammen und beraten darüber, wie sie den Menschen dort helfen könnten. Weil sie selbst immer so viel Vergnügen haben, möchten sie, dass auch andere Menschen glücklich sind.

(Neben der Bühne sitzt eine fröhliche, hell gekleidete Kindergruppe, die Mitglieder der Gruppe reden aufgeregt miteinander.)

Eines Tages hat jemand von ihnen eine Idee: „Wir bringen Licht in das Tal der Finsternis. Jeder von uns nimmt ein Licht und gemeinsam gehen wir dorthin. Das Licht soll tief in die Herzen der Talbewohner dringen und sie von der Eiseskälte befreien!"

Alle stimmen begeistert der Idee zu, holen ein Licht und machen sich auf den Weg in das Tal der Finsternis. Die lange Lichterkette erhellt den Horizont und vertreibt langsam die Dunkelheit. Der Wind begleitet die Gruppe der Fröhlichen und singt leise ein Lied.

(Die Kinder freuen sich, holen eine Kerze und gehen in einer langen Reihe durch den Raum. Sie nähern sich dem Tal der Finsternis. Im Hintergrund hört man leise Musik.)

Die hellen Strahlen der Kerzen bringen Licht in das Tal. Die Menschen in den Häusern sind sehr erschrocken. Aufgeregt und nervös laufen sie im Tal umher, sprechen miteinander und schauen zum hellen Horizont. Da sehen sie in der Ferne die lange Lichterkette. Langsam kommt sie näher und näher.

(Sie zeigen auf die Lichterkette.)

Die Menschen aus dem Tal der Finsternis sind verwirrt und geblendet. Sie können das Licht und die Wärme kaum ertragen.

(Die Kinder machen unglückliche Gesichter, halten sich ihre Augen zu oder verbergen ihre Gesichter.)

Die fröhlichen Menschen haben ihr Ziel erreicht. Nun stehen sie mit ihren Lichtern vor den traurigen Menschen und lächeln sie an. Schon nach einer kurzen Zeit sieht man auch auf den Gesichtern der Talbewohner ein zaghaftes Lächeln.

Plötzlich spüren die traurigen Menschen ein ihnen unbekanntes Gefühl. In ihrem Körper kribbelt es, sie spüren Freude in sich und beginnen zu lachen. Sie haben den Wunsch, die fröhlichen Menschen zu berühren.

(Sie lachen und geben den fröhlichen Menschen die Hand.)

Auf einmal hört man den Wind säuseln. Er spielt eine leise Melodie. Frei und gelöst tanzen alle miteinander und fühlen sich dabei sehr wohl.

(Alle tanzen nach einer fröhlichen Musik.)

Das strahlende Licht der vielen Kerzen lässt die Dunkelheit verschwinden und aus dem Tal der Finsternis ist ein Tal des Lichts geworden.
(Der Raum wird nun mit vielen Kerzen oder mit anderen Lichtquellen erhellt.)
Die fröhlichen Menschen verschenken nun ihr Licht und sagen: „Passt auf, dass dieses Licht nie erlischt. Solange es leuchtet, bringt es euch Frieden, Liebe und Harmonie."
Danach machen sie sich auf den Weg zurück nach Hause.
(Die fröhlichen Menschen gehen und winken den Menschen im Tal des Lichts zu.)

Nachdem die Menschenschlange verschwunden ist, stellen die Talbewohner ihre Kerzen in die Fenster. Obwohl die Nacht sehr dunkel ist, erstrahlt das ganze Tal im warmen Licht der Kerzen. Der Wind weht und singt leise ein bezauberndes Lied.
(leise Musik)
Am anderen Morgen dringen helle Sonnenstrahlen bis in das Tal hinunter. Die Menschen werden von der Wärme geweckt. Froh treten sie vor ihre Türen, öffnen sich den Sonnenstrahlen und nehmen sie tief in sich auf.
(Die Kinder recken und strecken sich der Sonne entgegen und atmen tief ein und aus.)
Mit ihrem Licht gehen sie liebevoll aufeinander zu, tauschen es aus, begrüßen sich, lachen sich an, und gehen gemeinsam in einer langen Lichterkette durch ihr Tal.
Von nun an treffen sie sich einmal im Jahr mit ihren Freunden, den fröhlichen Menschen hinter dem Berg, und feiern gemeinsam ein Lichterfest.
(Die Kinder fassen sich an, tanzen und singen.)

Motivation
♦ für Sorgen und Probleme anderer Menschen aufmerksam sein
♦ Bereitschaft zeigen, anderen Menschen zu helfen

Komm, ich helf dir

Die Helfer

1. Wenn Ma - ma mal nicht hel - fen kann, dann
bin ich wirk - lich ganz schlecht dran. Dann ruf ich: "Bit - te,
komm mal her, al - lein zu es - sen ist so schwer."

Refrain
Hilfst du mir? Hilfst du mir? Ich will auch nicht
viel von dir. Hilfst du __ mir, dann geht's mir gut,
ach, wie gut dei - ne Hil - fe tut.

2. Wenn Papa mal nicht helfen kann,
   dann bin ich wirklich ganz schlecht dran.
   Dann ruf ich, bitte komm mal her,
   allein zu klettern ist so schwer.

3. Wenn Oma mal nicht helfen kann,
   dann bin ich wirklich ganz schlecht dran.
   Dann ruf ich, bitte komm mal her,
   allein zu backen ist so schwer.

4. Wenn Opa mal nicht helfen kann,
dann bin ich wirklich ganz schlecht dran.
Dann ruf ich bitte, komm mal her,
allein zu basteln ist so schwer.

5. Wenn mein Freund nicht helfen kann,
dann bin ich wirklich ganz schlecht dran.
Dann ruf ich bitte, komm mal her,
allein zu spielen ist so schwer.

Motivation

♦ erkennen, dass jeder Hilfe benötigt
♦ selber zur Hilfe bereit sein

Das unruhige Meer

Vorbereitung: Die Kinder liegen in einem verdunkelten Raum auf einer Decke. In der Kreismitte steht eine Duftlampe. Die Phantasiereise wird von ruhiger Musik untermalt.

Phantasiereise

Leg dich locker und entspannt auf deine Decke.
Schließ die Augen und atme tief und gleichmäßig ein und aus.
Du fühlst dich wohl.
Dir geht es gut.
Du bist ganz ruhig.
Stell dir vor, du stehst an einem breiten, langen Sandstrand.
Das Meer ist blau und ruhig.
Ein leichter Wind weht und du schaust auf das friedliche Meer.
In der Ferne siehst du ein großes Schiff.
Es kommt auf dich zu.
Es fährt ganz nah an den Sandstrand heran.
Eine Meerjungfrau holt dich mit einem kleinen Boot ab und bringt dich zu dem Schiff.

73

Komm, ich helf dir

Langsam fährt es mit dir hinaus auf das weite Meer.
Du schaust nach allen Seiten und siehst nur das unendliche, blaue Wasser.
Du entdeckst, dass am Horizont dicke, schwarze Wolken aufziehen.
Auch der Wind wird stärker.
Er ist jetzt so stark, dass das Schiff hin und her schwankt.
In der Ferne donnert und blitzt es, und die Wellen schlagen an das Schiff.
Die Welt um dich herum ist dunkel, und du fühlst dich unwohl.
Allein stehst du an Deck und hältst dich an einem dicken Masten fest.
Der Regen peitscht in dein Gesicht.
Um dich herum kracht und blitzt es.
Da spürst du eine Hand.
Sie legt sich schützend auf deine Schultern.
„Hab keine Angst!", sagt eine freundliche Stimme. „Dir wird nichts geschehen. Ich beschütze dich."
Du merkst, dass dicht hinter dir jemand steht.
Ohne Angst schaust du nun in die hohen Wellen.
Du fühlst dich sicher und geborgen, denn jemand ist da, der dich beschützt.
Da! Auf einmal brechen die dunklen Wolken auf, und die leuchtende Sonne ist zu sehen.
Der Regen lässt nach und der tobende Wind beruhigt sich.
Du stehst wieder sicher auf dem Schiff und beobachtest das blaue Meer.
In der Ferne siehst du schon den langen Sandstrand.
Das Schiff fährt immer näher an ihn heran.
Wieder spürst du auf deiner Schulter die beruhigende Hand.
Du drehst dich um und siehst die Meerjungfrau.
Freundlich lächelt sie dich an und sagt: „Ich bringe dich nun wieder an Land."
Du besteigst das kleine Boot, landest sicher am Strand und hüpfst in den Sand. Die Meerjungfrau kehrt um und paddelt zu dem großen Schiff zurück. Langsam fährt das Riesenschiff hinaus auf das weite Meer.
Noch lange schaust du ihm hinterher, bis es am Horizont verschwunden ist.

Du bist nun wieder in deiner Welt.
Langsam bewegst du deine Finger, deine Hände, deine Arme, deine Zehen, deine Beine, deinen Körper.

Du öffnest deine Augen schaust um dich, reckst und streckst dich, gähnst und setzt dich wieder aufrecht auf deine Decke.

Motivation
♦ Probleme anderer erkennen
♦ Hilfe anbieten
♦ Sensibiliät entwickeln für die Sorgen anderer

Auswertung:
Gespräch zu folgenden Leitfragen:
♦ Was kann Menschen bedrohen?
♦ In welchen Situationen braucht man Hilfe, weil man sich ängstigt?
♦ Wann kann auch ich helfen?

Die sieben Geißlein

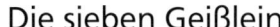

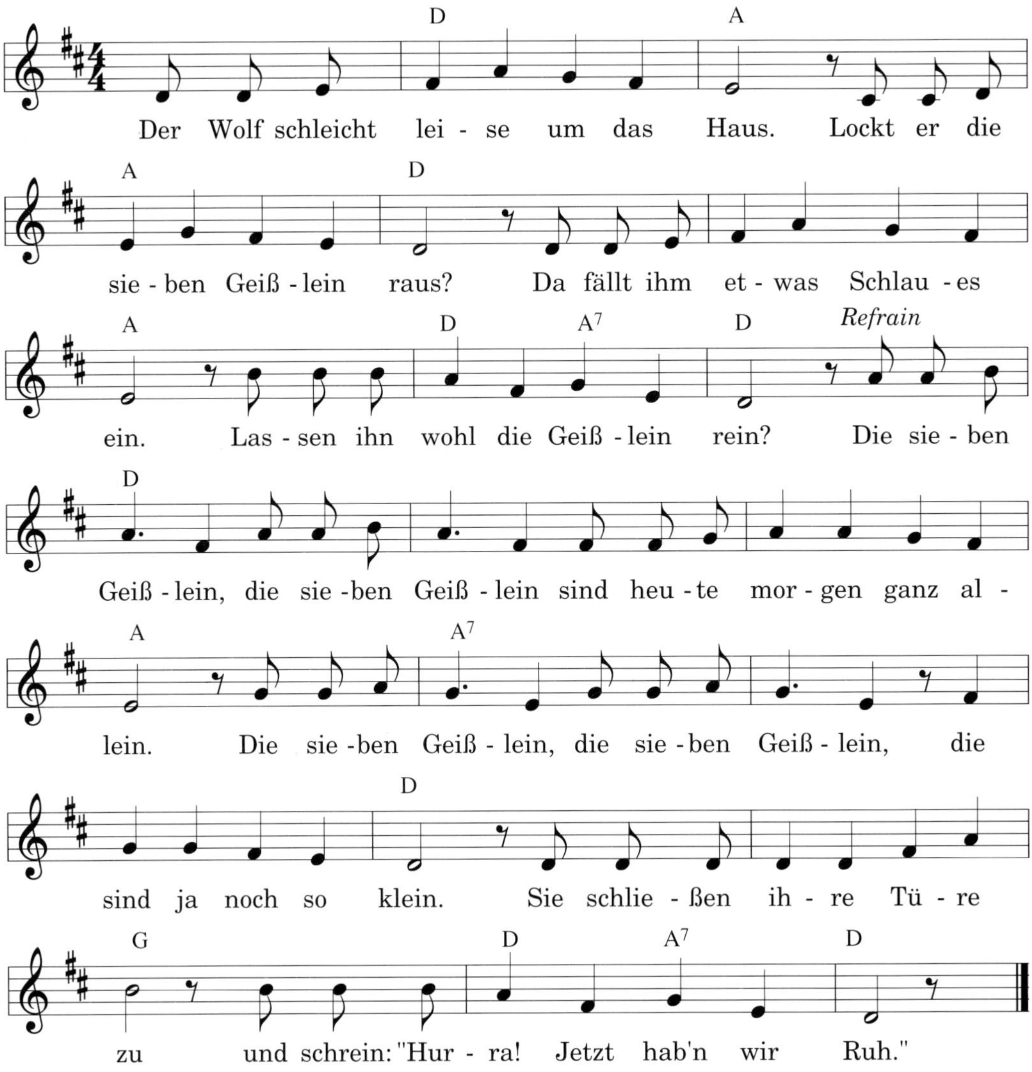
D A
Der Wolf schleicht lei - se um das Haus. Lockt er die
A D
sie - ben Geiß - lein raus? Da fällt ihm et - was Schlau - es
A D A7 D Refrain
ein. Las - sen ihn wohl die Geiß - lein rein? Die sie - ben
D
Geiß - lein, die sie - ben Geiß - lein sind heu - te mor - gen ganz al -
A A7
lein. Die sie - ben Geiß - lein, die sie - ben Geiß - lein, die
D
sind ja noch so klein. Sie schlie - ßen ih - re Tü - re
G D A7 D
zu und schrein: "Hur - ra! Jetzt hab'n wir Ruh."

2. Die sieben Geißlein sind allein,
   sie lassen niemanden herein.
   Die Mutter ist seit Stunden fort,
   sucht Futter hier und da und dort.

Zwischengesang: Die sieben Geißlein, die sieben Geißlein sind heute morgen ganz allein,
die sieben Geißlein, die sieben Geißlein, die sind ja noch so klein.
Sie schließen ihre Türe zu und schrein: „Hurra, jetzt hab'n wir Ruh."

3. Der Magen knurrt, das Frühstück lockt,
   der Wolf schon vor der Türe hockt.
   Er klopft nun an: „Macht auf die Tür,
   denn eure Mutter, die ist hier."

4. Die Geißlein aber sind schon schlau
   und wissen deshalb ganz genau,
   das kann die Mutter gar nicht sein,
   drum lassen sie den Wolf nicht rein.

Zwischengesang: Die sieben Geißlein, die sieben Geißlein, sind heute morgen ganz allein, die sieben Geißlein, die sieben Geißlein, die sind ja noch so klein.
Sie schließen ihre Türe zu und schrein: „Hurra, jetzt hab'n wir Ruh."

5. Doch schon nach einer kurzen Zeit,
   macht sich der Wolf erneut bereit.
   Er denkt sich etwas Neues aus,
   damit kommt er ins Ziegenhaus.

6. Nach sehr viel Müh hat er's geschafft,
   die große Tür wird aufgemacht.
   Die Geißlein nehmen schnell Reißaus,
   der Wolf sucht sie im ganzen Haus.

Zwischengesang: Die sieben Geißlein, die sieben Geißlein, sind heute morgen ganz allein, die sieben Geißlein, die sieben Geißlein, die sind ja noch so klein.
Sie machen ihm die Türe auf, der Wolf, der frisst sie alle auf.

7. Die Mutter kommt, was ist geschehn,
   sie kann gar kein Geißlein sehn.
   Doch eins entdeckt sie in der Uhr,
   wo sind die andern Geißlein nur?

8. Die Mutter schleicht nun leis' herbei,
   schneidet dem Wolf den Bauch entzwei.
   Die Geißlein springen schnell heraus,
   stopfen den Bauch mit Steinen aus.

77

Komm, ich helf dir

Zwischengesang: Die sieben Geißlein, die sieben Geißlein, sind nun nicht mehr ganz allein, die sieben Geißlein, die sieben Geißlein, die sind ja noch so klein. Die große Tür, die steht weit auf, der Wolf, der frisst sie nie mehr auf.

9. Der Wolf, er schläft, denn er ist satt,
   ist müde und ganz schrecklich matt.
   Er spürt ein Rumpeln in dem Bauch,
   ein wenig Durst hat er nun auch.

10. Er schaut tief in den Brunnen rein,
    o weh, o Schreck, das darf nicht sein.
    Der böse Wolf stürzt in den Tod,
    die Geißlein leiden nie mehr Not.

Zwischengesang: Die sieben Geißlein, die sieben Geißlein, die sind nun nicht mehr ganz allein, die sieben Geißlein, die sieben Geißlein, die könn' sich miteinander freun. Sie machen ihre Türe zu, jetzt haben sie für immer Ruh.

Motivation
♦ Wachsamkeit wecken
♦ sich auf jemanden verlassen können
♦ niemanden durch Lüge täuschen

Auswertung
♦ Kinder spielen das Märchen *Der Wolf und die sieben Geißlein*

Zirkus Kunterbunt

Die Welt der Zauberer, Dompteure, Clowns und Akrobaten fasziniert Kinder aller Altersstufen. Einmal selbst ein Clown zu sein, über ein Seil zu balancieren oder Löwen zu bändigen, ist der Wunsch vieler Kinder. Hier können sie im Rampenlicht stehen, vor einem Publikum Mut und Talent beweisen und Applaus ernten. Ein Zirkusfest ist gerade richtig, um den Umgang miteinander zu praktizieren. Denn eine Vorstellung kann nur gelingen, wenn man sich gegenseitig hilft, aufeinander Rücksicht nimmt, miteinander übt, füreinander da ist und sich in der Gemeinschaft versteht und annimmt. Schon die Vorbereitungen für so ein Fest verlangen ein hohes Maß an Rücksichtnahme und Akzeptanz: Es muss gemeinsam geplant, Wünsche und Meinungen anderer müssen berücksichtigt und die eigenen Bedürfnisse hier und da zurückgestellt werden.

Damit ein solches Fest auch den erhofften Erfolg verbuchen kann, ist eine gute Planung notwendig. Auf den folgenden Seiten werden Lied-, Spiel-, Bastel-, und Backvorschläge gemacht, die zu einem guten Gelingen beitragen können. Jeder, der sich mit der Planung eines solchen Festes beschäftigt, kann mit Hilfe dieser Vorschläge ein umfangreiches Programm erstellen. Die Ausgestaltung der einzelnen Zirkusnummern sollte man weitgehend den Kindern selbst überlassen, damit sie wirklich gemeinsam Ideen entwickeln können und den Umgang miteinander frei erproben.

Das Thema Zirkus kann als Projekt über mehrere Wochen im Kindergarten ablaufen und abschließend in einer Vorstellung Eltern, Freunden, Großeltern usw. vorgeführt werden.

Einladungskarten

Schlangenkarte

Aus einem quadratischen Stück Tonpapier wird eine Spirale zugeschnitten. In die Mitte werden zwei Augen gezeichnet (Schlangenkopf), der Schlangenkörper wird von einer Seite bemalt. Auf die andere Seite wird das Festprogramm geschrieben. Als Karte wird ein Stück Tonpapier (DIN A5) in der Mitte gefaltet. In die geöffnete Karte wird der Schlangenkopf geklebt. Wer die Karte öffnet, wird überrascht sein.

Komm, ich helf dir

Figurenkette

Ein 10 cm breiter und 60 cm langer Papierstreifen wird zu einer Ziehharmonika gefaltet. Auf die obere Seite wird ein fröhlicher Clown gezeichnet, dessen Arme und Beine die Faltkante berühren. Beim anschließenden Ausschneiden der Figur dürfen diese Berührungsstellen nicht beschädigt werden. Das bunte Programm und die Einladung wird in die so entstandene Figurenkette hineingeschrieben.

Begrüßungslied

(Kann vom Zirkusdirektor vorgetragen werden, Melodie: Die Vogelhochzeit)

Hallo, ihr Leute, groß und klein,
ich lad euch in den Zirkus ein.
Fiderallala …

Seiltänzerinnen, jung und schön,
die kann man auf dem Seil dann sehn.
Fiderallala …

Ihr seid im Zirkus Kunterbunt,
dort geht es heute richtig rund.
Fiderallala …

Der Clown macht Späße allerhand,
ist in der ganzen Welt bekannt.
Fiderallala …

Die Bären stampfen, dick und schwer,
das Tanzen mögen sie auch sehr.
Fiderallala …

Der Otto kann Gewichte tragen,
kann dicke Steine auch zerschlagen.
Fiderallala …

Der Zaubermeister zeigt euch dann,
wie man sich verwandeln kann.
Fiderallala …

Noch viele Dinge, wunderschön,
die könnt ihr heute bei uns sehn.
Fiderallala …

(am Schluß der Vorstellung kann der Direktor/die Direktorin folgende Strophen singen)

Macht's gut ihr Leute, groß und klein,
bald lade ich euch wieder ein.
Fiderallala …

Bevor ihr aber geht nach Haus,
schenkt den Artisten viel Applaus.
Fiderallala …

Ich sage euch: „Auf Wiedersehn",
mit euch, da war es richtig schön.
Fiderallala …

Zirkuszelt
(für eine Vorstellung im Freien)

Gleich lange Stäbe, an einem Ende angespitzt (ca. 2,50 m, die Anzahl hängt davon ab, wie groß die „Manege" im Durchmesser werden soll) werden kreisförmig in den Boden gesetzt und festgeklopft. Die Stangen werden mit bunten Kreppbändern miteinander verbunden und mit Luftballons geschmückt. In der Mitte des Kreises wird eine ca. 3 m lange Stange aufgestellt. Von dort aus werden Bänder gespannt, die an den Stäben rundherum befestigt werden. Diese können mit Luftballons oder wimpelartig geschnittenen Papierbahnen geschmückt werden.

Unter dem so entstandenen Zeltdach werden Strohballen, Getränkekästen, Hocker, Stühle oder andere Sitzgelegenheiten im Kreis aufgestellt.

Ein kleines Kasperltheater wird an den Eingang gestellt und dient als Kassenhaus. Als Eintrittskarte bekommen die Besucher einen Stempel oder ein buntes Abziehbild auf die Hand geklebt.

Vor dem Zirkuszelt können kleine Buden (Spieltische mit Sonnenschirmen, mit Luftballons geschmückt) aufgestellt werden, an denen es in der Pause, am Ende oder vor der Vorführung Süßigkeiten, Kuchen, Getränke, kleine Spielsachen oder andere Dinge zu erwerben gibt. Eine Schminkecke darf nicht fehlen.

Rezeptideen für Süßigkeiten

Popcorn
Zutaten: Öl, Mais, Puderzucker, Zimt nach Wahl

Zubereitung: Etwas Öl in der Pfanne erhitzen, den Pfannenboden mit Popcornmais bestreuen, die Pfanne mit einem Deckel verschließen. Nach kurzer Zeit beginnt der Mais in der Pfanne geräuschvoll zu puffen. Ist kein Geräusch mehr zu hören, ist das Popcorn fertig. Es kann mit Puderzucker oder einem Gemisch aus Puderzucker und Zimt bestreut werden.

Bunte Lutscher

(Rezept für 10 Lutscher)

Zutaten/Material: 3 El Fruchtsirup (Orange, Himbeere oder Waldmeister), 1 El Puderzucker, 125 g Zucker, Holzstäbchen als Stiele, Öl für das Blech und kleine Metallförmchen (Backförmchen)

Zubereitung: Zucker, Puderzucker und Sirup in einem Topf verrühren, die Masse bei mittlerer Hitze unter ständigem Rühren aufkochen, bis der Zucker gelöst ist. 10 Minuten bei schwacher Hitze weiterkochen lassen und hin und wieder umrühren. Das Öl auf das Backblech geben und gut verteilen, die Förmchen ebenfalls gut einölen. Die Masse wird nun tropfenweise in die Förmchen gefüllt. Sobald sie fest (aber nicht hart!) geworden ist, Masse aus dem Förmchen drücken und den Holzspieß in die noch weiche Masse drücken. Die Lutscher bleiben so lange auf dem Blech, bis sie hart sind. Sie können auf geöltem Pergamentpapier im Kühlschrank aufbewahrt werden.

Bunte Schaumringe

Zutaten: 2 Eiweiß, 100 g Puderzucker, 1 Päckchen Vanillinzucker, bunte Liebesperlen und Zuckerstreusel

Zubereitung: Eiweiß steif schlagen. Nach und nach Puderzucker und Vanillinzucker einstreuen. Die Masse in einen Spritzbeutel füllen. Ein Backblech mit Backpapier belegen und Ringe spritzen. Mit Liebesperlen oder Zuckerstreuseln verzieren. Das Blech in den vorgeheizten Backofen schieben und eine Stunde bei 140 Grad backen.

Kostüme/Arbeitsmaterialien

Clowns

Kostüm: Hüte (aus Tonpapier, Dosen, Eimern), weite Hosen, große Jacken, bunte Tücher, große Krawatten und Fliegen (aus Krepppapier, Stoffresten, Schals), große Nasen (aus Eierkartons, Tennis-, Tischtennisbällen), dicke Bäuche (Kissen), große Schuhe, Schminke, Perücken (aus Staubwedeln oder Hüten, die mit Fellresten beklebt werden)

Dompteure

Kostüm: Gymnastikhosen, Zylinder, Bärte (aus Watte, Besenhaaren, Fell mit doppelseitigem Klebeband oder Gummiband befestigt)

Arbeitsmaterial: Pappkartons, Bierkisten, Reifen, durch die die „Tiere" springen oder krabbeln, Leitern für die „Dressuren", Tiermasken (auf Pappteller aufgemalt, mit Wolle, Krepppapier oder Fellresten beklebt, mit Gummiband befestigt), Tierschwänze (aus Blumendraht, Krepppapier, Wolle oder Watte)

Starker Mann

Kostüm: Gymnastikhosen, T-Shirts mit Handtüchern oder Kissen ausgepolstert

Arbeitsmaterial: Eisenkugeln (aus Gymnastikbällen, mit Aluminiumfolie umwickelt), Gewichte (aus verschieden großen Kartons, mit Aluminiumfolie umwickelt), Stange zur Befestigung der „Gewichte" (mit Alufolie umwickelt), Brett (aus Styropor, braun gestrichen, zum „Zerschlagen")

Seiltänzerin

Kostüm: Röckchen (aus Krepppapier), Regenschirm, Schleife für das Haar

Arbeitsmaterial: Seil (wird zum „Balancieren" auf den Boden gelegt)

Schlangenbeschwörer

Kostüm: Umhang

Arbeitsmaterial: Flöte, Eimer oder Tongefäß für die Schlange, Pappschlange (aus Tonpapier ausgeschnitten), an der Flöte festgebunden

Zirkusdirektor

Kostüm: Zylinder, Anzug

Arbeitsmaterial: Mikrofon (Tennisball, mit Tuch oder Alufolie umwickelt)

Komm, ich helf dir

Zirkusorchester

Kostüme: möglichst einheitlich, z.B. mit Perlen bestickte Westen, selbstbemalte T-Shirts
Materialien: Musikinstrumente (aus Waschmitteltonnen, Blechdosen und Jogurtbechern mit Steinen, Perlen o.Ä. gefüllt)

Literatur

Praktische Arbeitsmaterialien zu den Themenbereichen Glück, Stille, Danken, Wahrnehmen finden sich in:

Biermann, Ingrid: Glück ist, wenn in mir die Sonne scheint. Bausteine Kindergarten, Heft 3/94, Bergmoser + Höller Verlag, Aachen 1994.

Dies.: Danken heißt, mit dem Herzen denken. Bausteine Kindergarten, Heft 4/95, Bergmoser + Höller Verlag, Aachen 1995.

Dies.: In der Stille spür ich mich – in der Stille find ich mich. Bausteine Kindergarten/Grundschule, Sonderheft, Bergmoser + Höller Verlag, Aachen o.J.

Dies.: Nur wer sich öffnet ... Bausteine Kindergarten, Heft 3/97, Bergmoser + Höller Verlag, Aachen 1997.

Theoretische Einführungen mit praktischen Anregungen, Modellen, Spielen und Übungen finden sich in:

Brüggebors, Gela: Körperspiele für die Seele, Rowohlt Verlag, Reinbek bei Hamburg 1993.

Friebel, Volker/Erkert, Andrea/Friedrich, Sabine: Kreative Entspannung im Kindergarten, Lambertus-Verlag, Freiburg im Breisgau 1993.

Herdtweck, Waltraud: Durch Bewegung zur Ruhe kommen, Don Bosco Verlag, München 1996.

Wagner, Elisabeth: Sehen-hören-spüren, Don Bosco Verlag, München 1997[2].

Bilderbuchempfehlungen

Stephan Brülhart: Leopold und der Fremde, Atlantis Kinderbücher bei Verlag pro juventute, Zürich 1997.
(Thema: Sich öffnen für das Fremde, keine Vorurteile haben und bereit sein für neue Freundschaften)

Emil Maier: Ein Boot, ein Netz und viele Fische, Bilder der Bibel Kinderbuch-Serie, Saatkorn Verlag, Hamburg 1985.
(Thema: Miteinander teilen)

Ders.: Gott segnet Noah, Bilder der Bibel Kinderbuch-Serie, Saatkorn Verlag, Hamburg 1989.
(Thema: Vertrauen haben; etwas akzeptieren und ausführen)

Moost, Nele/Rudolph, Annett: Alles erlaubt? Immer brav sein – das schafft keiner! Esslinger Verlag, Esslingen 1997.
(Thema: Sich richtig verhalten in Gesellschaft guter Freunde, Was ist erlaubt und was nicht?)

Sykes, Julie/Chapman, Jane: Doras Schatz, Saatkorn Verlag, Hamburg 1997.
(Thema: Nicht neidisch sein; das Vorhandene akzeptieren; abwarten können)

Benjamin, A.H./Chapman, Jane: Was dann? Saatkorn Verlag, Hamburg 1996.
(Thema: keine Vorurteile haben)

Spee, Gitte: Lach doch wieder, Bruno, Oetinger Verlag, Hamburg 1996.
(Thema: Ängste von anderen Menschen sehen und ihnen Mut machen, ihnen ihre Stärken verdeutlichen)

Mc Bratney, Sam/Jeram, Anita: Weißt du eigentlich, wie lieb ich dich hab? Verlag Sauerländer, Frankfurt 1997[12].
(Thema: anderen Menschen Zuneigung schenken)

Sykes, Julie/Linch, Tanya: Dies und Das, Saatkorn Verlag, Hamburg 1995.
(Thema: Hilfsbereitschaft erleichtert das Leben, jeder ist auf den anderen irgendwann einmal angewiesen)

Schreiber-Wicke, Edith/Holland, Carola: Der Rabe, der anders war, Thienemann Verlag, Stuttgart 1994.
(Thema: Andersartigkeit akzeptieren, Schönheit in der Vielfalt entdecken)

Velghe, Anne: Felix und Janina. Und wie die beiden Freunde werden, Brunnen Verlag, Gießen 1996.
(Thema: Freundschaft ist nicht immer eine leichte Sache; zanken und sich vertragen, zusammenhalten; sich gegenseitig helfen)

Mit Musik geht alles besser ...

Die Lieder dieses Buches und weitere Lieder zu den Themen dieses Buches gibt es auch auf einer CD mit dem Titel „Zauberworte".

Bezugsadressen für die CD „Zauberworte" mit der Bestell-Nr. 9170:

Don Bosco Verlag
Sieboldstr. 11
81669 München
Tel. 089/48008–351
Fax 089/48008–309

Kinderland Verlag
Theo Biermann
Dorfstr. 24
59602 Rüthen-Westereiden
Tel. 02954/18022
Fax 02954/18044

Zauberhafte Praxisbücher

Elmar Müller
Manegenzauber
Kinder spielen Zirkus

Manege frei für alle Zirkusbegeisterten! Wer mit Kindern Zirkus spielen möchte, findet dazu in acht Kapiteln jede Menge Ideen, wie schon die Kleinsten zu Fakiren, Muskelmenschen, Clowns, Akrobaten und Magiern werden, welche Tricks sie dazu beherrschen müssen, welche Requisiten man benötigt und wie Masken und Kostüme mit einfachen Mitteln hergestellt werden können. Dieser Manegenzauber erfreut kleine Künstler und das Publikum gleichermaßen.

152 S., zahlreiche Fotos und Illustrationen, kartoniert,
ISBN 3-7698-0617-4

René Lucio, Ursel Geisler, Jan Spütz
Verzaubertes Papier
Origami für Kinder

Wunderbare Faltfiguren, aus Papier gezaubert, begeistern kleine und große Kinder. Ob nun Kasperl, die kleine Hexe mit ihrem Raben, der Zauberer Magicus, Prinzessin Zitronella, das Pferd oder der Schwan – sie alle und viele andere faszinierende Faltobjekte lassen sich nach den präzisen Anleitungen leicht falten und laden zum phantasievollen Spielen ein. Die jahrhundertealte japanische Faltkunst Origami wird so zu einem Vergnügen für die Kinder von heute.

144 S., zahlreiche Fotos, alle Bastelanleitungen illustriert, kartoniert,
ISBN 3-7698-1034-1

Spiele mit allen Sinnen

Wolfgang Löscher
Vom Sinn der Sinne
Spielerische Wahrnehmungsförderung für Kinder

Modelle zum spielerischen Umgang mit den Sinnen und in der Praxis erprobte Aktionen zur Wahrnehmungsförderung machen dieses Buch zu einer wahren Fundgrube für eine „Sinn-volle" Frühpädagogik.

156 Seiten, zahlreiche Fotos, kartoniert, ISBN 3-7698-0753-7

Elisabeth Wagner
Sehen – hören – spüren
Sinnesspiele für Kinder von 3–8

Die Ideen und Spiele in diesem Buch regen die Sinne der Kinder an, wecken Neugierde und Experimentierfreude und ermutigen zum selbständigen Denken und sensiblen Fühlen.

80 Seiten, illustriert, kartoniert, ISBN 3-7698-0622-0

Waltraud Herdtweck
Durch Bewegung zur Ruhe kommen
Modelle und Ideen aus der Rhythmik

Die Rhythmik hilft hyperaktive, konzentrationsschwache oder auch schüchterne Kinder zu fördern und gibt dem Bewegungsbedürfnis der Kinder Raum.

102 Seiten, zahlreiche Fotos, Lieder mit Notensatz, Grafiken,
ISBN 3-7698-0890-8

Spiele zur Entspannung

Rosemarie Portmann
Spiele zum Umgang mit Aggressionen

Aggressiv und rücksichtslos – so werden Kinder und Jugendliche heute oft beschrieben. Was kann man dagegen tun? Die mehr als 150 Interaktionsspiele und Übungen in diesem Buch sind eine leicht anwendbare Möglichkeit, Prozesse zur konstruktiven Bewältigung von Wut und Aggression in Gang zu setzen.

6. Aufl., 128 Seiten, Illustrationen, kartoniert, ISBN 3-7698-0796-0

Birgit Fuchs
Spiele fürs Gruppenklima

160 Spiele zeigen für Gruppen aller Altersstufen spannende Möglichkeiten auf, wie man die Angsthasen und die Kraftmeier, die Wortführer und die Schüchternen, die ewigen Spaßmacher und die zurückhaltenden Stillen „unter einen Hut bringt" und für ein stabiles, partnerschaftliches Klima sorgen kann.

2. Aufl., 136 Seiten, Illustrationen, kartoniert, ISBN 3-7698-1083-X